伟人的青少年时代

孙 中 山

郑春兴　主编

时代文艺出版社

图书在版编目（CIP）数据

孙中山 / 郑春兴 主编. —长春：时代文艺出版社，2012.6（2023.3重印）
（伟人的青少年时代）

ISBN 978-7-5387-2753-1

Ⅰ.①孙... Ⅱ.①郑... Ⅲ.①孙中山（1866~1925）—生平事迹—青少年读物 Ⅳ.①K827-6

中国版本图书馆CIP数据核字（2012）第095571号

出 品 人　陈　琛

责任编辑　冀　洋

排版制作　刘　薇

孙中山

郑春兴 主编

出版发行 / 时代文艺出版社

地址 / 长春市福祉大路5788号　龙腾国际大厦A座15层　（130118）

总编办 / 0431-81629751　发行部 / 0431-81629758

官方微博 / weibo.com/tlapress

印刷 / 永清县晔盛亚胶印有限公司

开本 / 700mm×1000mm　1 / 16　字数 / 100千字　印张 / 10

版次 / 2009年6月第1版　印次 / 2023年3月第9次印刷　定价 / 39.80元

图书如有印装错误　请寄回印厂调换

本书编委会

主　编：郑春兴

副主编：张耀军　朴景爱　辛宏志　杨　厦　张李昂
　　　　李赫男　王艳春　戚　新　孙伟国　张桂兰
　　　　于淑丽　于克敏　孙惠欣

编委会成员：（以姓氏笔画为序）
　　　　　　马　锋　刘　伟　李文太　杨开银　张春昊
　　　　　　杜　葳　李　颖　胡汉军　项　和　蒋玉容
　　　　　　韩国义

目 录 MULU

1 / 砸锅风波

6 / 考问老师

8 / 不安分的少年

11 / 智擒人贩子

13 / 反对缠足

14 / 兄弟失和

19 / 打破神像

23 / 手足情深

28 / 学医·交游

33 / 澳门行医

36 / 上书李鸿章

41 / 创立兴中会

51 / 首义失败

56 / 伦敦历险

63 / 惠州起义

71 / 笔战保皇派

77 / 与康有为决裂

88 / 成立中国同盟会

94 / 起义，还是起义

106 / 筹款的艰辛

111 / 最悲壮的起义

120 / 武昌起义

125 / 任临时大总统

132 / 被迫让位

137 / 任铁路督办

142 / 宋教仁之死

147 / 二次革命

砸锅风波

"啪！"

一粒飞来的小石子打在帝象的屁股上。

帝象疼得叫了一声，捂着被打疼的屁股回头张望，看见亚秀的两个儿子在不远处正朝他嘻嘻地笑，他们手里都拿着弹弓。

帝象生气地说：

"这已经是你们第二次欺负我了，我不惹你们不是怕你们，是我爸爸不让我惹事。"

说完，头也不回地回到家。

父亲正在吃午饭，见帝象进了屋，就说：

"快吃午饭吧，然后，跟我去除草。"

帝象坐到桌边，屁股还有点疼，他心里不舒服，就对父亲说：

"爸爸，亚秀家的两个孩子又用小石子弹射我了。"

父亲喝了口稀饭，说：

"不许惹事。改天我遇上亚秀，告诉他管管他那两个小子。"

帝象一边盛稀饭，一边说：

"上次你也这么说。哼，他们再打我，我就……"

父亲瞪了他一眼，他只好咽下要说的话。

饭后，帝象跟随父亲到田里除草。他虽然才九岁，可干起活来已像个大人了。

孙中山的诞生地——广东省香山县（今中山市）翠亨村

帝象的家乡名叫翠亨村，位于广东省香山县东南部。它面临波澜壮阔的珠江和南海。

翠亨村距县城石歧镇二十九公里，地处穗、港、澳三大埠之间，南行三十七公里可达澳门，离广州一百一十六公里，东南方与香港隔海相望。

翠亨村多不富裕，因为地多沙砾，土质硗薄，加上耕作技术落后，粮食产量很低。更重要的是村中大多数土地集中在地主手里，像帝象家这样的贫农不仅要承担官府的苛捐杂税，还要忍受地主的沉重剥削，日子过得非常艰难。

因此，村中有不少贫农不堪贫困的煎熬，远走他乡，外出谋生，有的还漂洋过海侨居美国、菲律宾、檀香山（夏威夷）等异国异地。

帝象的父亲名叫孙达成，在十六岁时也曾到澳门打工，先学裁缝，后当鞋匠，到三十二岁时小有积蓄才回乡结婚安家，娶妻邻村农家女杨氏。

帝象的两个叔父因外出谋生都身遭不幸，一个在旧金山病逝；另一个葬身海洋。

帝象的哥哥孙眉，在帝象五岁时随舅舅到檀香山打工去了，回信来说，在那里干得不错。

帝象家主要依靠佃耕二亩半地，父亲兼做村中更夫，为村里人打更报时，每年可得谷十二石贴补家用。

帝象一家六口人，除父母和祖母，帝象还有一个姐姐孙妙茜和一个妹妹孙秋绮。

帝象能吃苦，勤劳作。他六岁就跟随姐姐上山砍柴、去野地割草和拾猪粪。等年纪稍大之后，他便下田插秧除草、排水打禾，每年还有好几个月替别人家放牛，以抵偿租牛耕地的工价。

尽管帝象一家这么辛苦勤劳，日子仍然十分艰难，缺衣少食，常把番薯当主粮。帝象小时候没鞋子穿，常光着小脚丫到处跑。由于家中房小屋挤，他还要在邻居家借宿。

由于从小就参加劳动，帝象身体健壮，很有力气。

帝象脾气倔强，轻易不服软，如果不是父亲管教严格，他才不会忍受亚秀家两个小子欺负呢。

亚秀家和帝象家住得不远，因为他家开个豆腐坊，人们也叫他"豆腐秀"。

豆腐秀两口子倒挺老实厚道，可他们的两个十岁多点的儿子却非常顽劣，以欺负别人家小孩为乐事，经常用弹弓弹射石子打哭别的小孩。

帝象已经挨了两次石子弹射，他又发出警告，估计豆腐秀家的两个儿子不会再欺负他了。可是，他想错了。

这一天清晨，父亲让他去给别人家放牛，他到那户人家刚牵出牛，还未走出多远，就觉得后背一疼，像被什么猛地咬了一口，一回头见豆腐秀家两个小子正站在不远处朝他嘻嘻地笑。

他知道又遭他们小石子弹射，顿时心头火起，把牛在路旁一棵小树上拴了，弯腰抓起一块比拳头还大的石头，拔腿向那两个小子追来。

两个小子见势不好，转身就跑，很快钻进了家门。

帝象哪肯罢休，冲进豆腐秀家，把手中石头向两个小子投掷过去。

"咚！"

两个小子钻进里屋，石头却砸进正在煮豆浆的大锅里，滚烫的豆浆四溅，锅也应声而漏，锅内豆浆流淌进灶内，又从灶门流出，一片狼藉。

豆腐秀已被溅出的豆浆烫得大叫，待看清楚是帝象砸的锅，生气地说道：

"你这是干什么！你为什么要砸我家的锅？我又怎么得罪了你？太欺负人了吧！"

帝象怒目横眉，一指里屋，说：

"你应该问你儿子去！"

豆腐秀的老婆在一旁冲上来，说：

"问谁呀！我就问你！你砸坏了我家锅，又洒了一锅豆浆，你得赔偿！"

上来硬拉了帝象，来到帝象家。

一进门，又扯开高门大嗓吵起来：

"快管管你家帝象吧，他用石头把我家正煮豆浆的锅给砸漏了，豆浆全洒了，还把我家娃仔他爸烫伤了。"

坐落在翠亨村的孙中山故居。这幢中西合璧式的建筑是他在香港就读西医书院时设计。

4

帝象的父母一听，一同把责备的目光投向帝象。

父亲气道：

"你到底给我惹出大事了！还不跪下！"

帝象没有下跪，把头一昂，说：

"爸爸，我没有错！他家的两个孩子今天又用小石子弹射我，我追去他家，想抛石头砸他们，却……砸到锅里去了。"

转对豆腐秀的老婆，又说：

"你可以回去问问你儿子，他们已经打过我两次了！你就允许他们欺负别人，不许别人还手吗？"

母亲附声对豆腐秀老婆说：

"我家帝象可不是不懂事的娃仔，前两次他被打，他爸都压着他，这次一定是把他惹急了。要我说，你家那两个娃仔也该管管了，村里多少家娃仔被他们打哭过，你们心里也清楚。"

豆腐秀的老婆还想辩解什么，这时豆腐秀赶来，说：

"走，回去。不怨人家帝象！我问过咱们那两个缺德小子了，是他们先招惹帝象的！咱们活该！"

硬拉着老婆，悻悻而去。

帝象望着他们离去的背影，嘴边掠过一抹胜利的微笑。

自此，豆腐秀家的两个儿子再也不敢欺负村里的孩子了。

帝象也因此被村里人送绰号，名为"石头仔"。

考问老师

1876年，帝象十岁了，他是1866年11月12日出生的。他本来早该上学了，可因为家穷，一直拖到这个年龄。

十岁这年，帝象开始进村塾念书了。

村塾设在本村冯家的宗祠里，塾师也姓冯。他为帝象取名"孙文"，字载之。

塾师还对孙父解释说："我为帝象取名'文'，字'载之'，乃'文以载道'之意也。"

但村里人还喜欢叫他"帝象"或"石头仔"。

帝象念书开始挺认真，什么《三字经》《百家姓》，塾师让写他就写，让背他就背，非常听话。

可是，过了不长时间，他就有点厌倦了。因为他背诵的东西有很多他不懂得是什么意思。

有一次，帝象问塾师：

"先生，'大学之道，在明明德'是什么意思啊？"

塾师想了想，说：

"书读百遍，其义自见。你不明白说明你读的遍数少！再读再背！"

帝象又说：

"我已经背得熟了，可还是不明白！你是先生，你应该给我讲明白！"

　　塾师却沉下脸训斥道：

　　"我讲得已经很明白了！你不要无理取闹。"

　　说完拿起戒尺，又威胁说：

　　"谁要是敢无理取闹，我就让他尝尝这戒尺。"

不安分的少年

由于帝象厌倦村塾里的死记硬背，他就经常从村塾偷偷跑出来，或溜到附近武馆看三合会会员们练武，或去听冯老头（冯爽观）讲故事。

冯老头曾经是太平军将士，他常常坐在村里的大榕树下给孩子们讲述太平天国反清的故事，而帝象是听得最入迷的一个。

一次冯老头说到洪秀全也是广东人，老家离他们这儿仅一百多公里，帝象天真地问道：

"现在怎么没人像洪天王那样带头反清了呢？"

冯老头深深地叹了口气，说：

"像洪天王那样的盖世英豪难以再有了。"

太平天国的革命故事更加激发了帝象对现实的不满和对那些差役官兵的愤恨。

他经常看见县里差役到翠亨村催粮、逼债，而这些清朝统治者的狗腿子欺压百姓，人们却敢怒不敢言。

村里有一家姓杨的三兄弟，勤劳能干，省吃俭用，小有积蓄。不知怎么的得罪了官府，被一同抓走关进大牢里。

杨家的房子也被人霸占了。杨家的花园是帝象和小伙伴们经常去玩耍的地方，杨家被人霸占，那里的花园也去不得了。

帝象的心里又难受又气愤。一天，他实在忍不住了，去找豆腐秀的两个小子，说：

"你们知道吗？杨家的房子让别人霸占了，咱们再也不能去那个花园玩了。"

豆腐秀的大儿子说：

"有什么办法，看守房子的官兵可凶了。连院子都不让进。"

帝象说：

"那花园有两只小鸟可好看了，我一直想抓几只，可这回没机会了。"

想了想，又说：

"咱们偷着进去，你们敢不敢？"

豆腐秀的小儿子摇了摇头，说：

"我爸不让我们靠近那座宅子，愿意去你自己去吧。你不是天不怕，地不怕的石头仔吗？"

帝象说：

"你们不去也行，借我一把弹弓行不行？我抓住两只鸟分给你们一只。"

豆腐秀的大儿子就把弹弓借给了帝象。

帝象在去杨宅途中捡了一些小石子揣在兜里。

他绕到杨宅后花园墙外，爬到一棵靠近院墙的树上，就坐在树杈上等天黑。

他不想打鸟了？

他根本没想打鸟，他那是借口借弹弓，他要用弹弓打那些霸占杨宅的官兵出气。

天终于黑了下来，杨宅有的屋里已亮了灯。

帝象从树上轻轻一跳，落到院墙上，把两腿骑到院墙上，开始取出一粒小石子往那亮着灯的窗户上弹射。

"啪！"

小石子击中窗棂，发出很响的声音。

他又弹射两粒。

"噗！噗！"

全部穿破窗纸射进屋内。

"吱嘎！"

门一开，有一个头戴红缨圆顶帽的官兵走出来，四处张望。

帝象早就准备好了弹弓，瞄准那官兵脑袋猛地发射出小石子。

"啪！"

"哎呀妈呀！"

也该着这官兵倒霉，他正回头向帝象这边张望，被小石子击中面门，疼得一声惨叫，用手捂住脸，原地转了两圈。

帝象还想再射一粒，忽见门里又冲出两个官兵，一人手里还握着佩刀。他吓得急忙蹿到树上，顺树干溜到地面，往家撒腿就跑，心里却乐开了花。

偷袭官兵这件事帝象没告诉任何人。

智擒人贩子

　　这个故事发生在帝象十一岁这年。有一天早晨他去给距翠亨村十多里地的"三乡"一家亲戚送东西。

　　当他来到一个一面临海三面环山的偏僻山坳里时，突然遇到一个面目可憎的陌生人。

　　那人见帝象单身一人，就笑着问："小娃仔，你这么早到哪里去呀？"

　　帝象说了自己要到"三乡"的亲戚家，那人马上接着说他也要去"三乡"，正好同路。

　　走出没有多远，那人便假意要帮帝象拎篮子：

　　"你力气小，我来帮你拎一会儿吧。"

　　帝象警惕地拒绝说：

　　"我自己拿得动，谢谢您了。我六岁就上山砍柴，现在能挑七八十斤呢。"

　　帝象边走边想起妈妈曾说过，这一带地方地势偏僻，少有行人，常有人贩子出没，又见那人行动鬼祟，顿时生出疑心。

　　当走近一个叫"河头浦"的村口时，他灵机一动，对那人说道：

　　"阿叔，我要送一些东西给这里的亲戚，你能在这里等我一会吗？我很快就回来。"没等那人答话，他便急步朝村里走去。

　　走了老远，还回头大声叫道：

"阿叔，我马上就来，你等着我！"

那人忙答应说：

"我等着你，你要快点啊！"

不一会儿，帝象领着几个人从村里走出来。大家一起拦住了那个可疑的人。

盘问的结果，那人果真是个专门拐骗小孩、贩卖人口的歹徒。村里人们齐声称赞年幼的帝象胆大心细，机智勇敢。

反对缠足

帝象不仅恨差役，恨官兵，也恨那些买卖、虐待奴婢的富人家。

他十二岁这年，见母亲硬给十五岁的姐姐缠脚，竟也有些恨母亲了。

他一天对母亲说：

"妈，我姐疼得直哭，你还是把她的脚放开吧！"

母亲却说：

"别捣乱，你个小孩子懂什么！快去背你的书吧。"

帝象固执地说：

"妈，你这是害我姐！她把脚缠小了，还能像以前那样干农活了吗！她就和残疾人差不多了，像你把脚缠小了，走路都走不稳……"

母亲却叹了口气，说：

"你是想让你姐在家干一辈子农活吗？她就是因为干农活才耽误了缠脚啊！妈知道她脚长大了，再缠会更疼，可有啥法子？不缠脚她就嫁不出去呀！"

帝象生气而又无奈地说：

"这是什么鬼习俗！太可恨了！"

兄弟失和

帝象对村里许多不合理、不公平的事情都看不惯，可他又必须容忍，因为他年幼，他的反抗是有限度的。

他经常闷闷不乐，有时不免会想到哥哥，想到村子外面的世界：别的地方也像这里一样吗？

他很想出去看看外面的世界，特别想去哥哥孙眉去的檀香山，听哥哥说，那里的风景可美了。

1879年6月，帝象知道母亲要去檀香山看望发了财的哥哥孙眉，便央求母亲也带他一同去。

好说歹说，父母总算同意了，乐得帝象几宿没睡好觉，还跑去特意告诉村塾里一同读书的好友陆皓东，说等他从檀香山回来，一定给好友带回好多好多的好东西。

几天后，十三岁的帝象换上一身干净的土布衣服，新梳了辫子，高高兴兴地随同母亲去澳门，转乘大轮船驶向檀香山。

轮船真大呀，大洋多么辽阔呀，帝象对一切都觉得好奇，不住地缠着母亲问这问那。

经过二十多天的远航，他们到达了檀香山的火奴鲁鲁市（当时夏威夷首都）。

哥哥和舅舅到码头把他们接到家里。哥哥比帝象大十二岁，打扮得像个小老板，看上去很有派头。他对母亲说：

"正好你把帝象带来了，就留他在我这儿吧。在家也不会有什么出息。"

母亲说：

"你爸也这么想的，在家他老不安分，你看让他学点什么手艺，不行，就帮你做做生意吧。"

帝象早拿定主意了，不管让他干什么，他都要留下来。这里和沉闷的翠亨村比，简直就是天上人间啊。

就这样，过了些日子，母亲因为惦记家人，就返回翠亨村了，把帝象留在了檀香山。

帝象开始被安排到茂宜岛茄荷蕾埠哥哥开设的商店里当店员，除了帮助照料店务外，还学习中国式的商业会计，又进入盘罗河学校补习算术，很快就学会了记账和珠算。

由于顾客多是当地居民，说的是方言"楷奈楷"语，帝象也得学习这些当地土语。没多久，他就学会了一些日常生活用语，能够应付自如。

有时他和哥哥说话故意使用当地土语，他的认真劲儿，逗得哥哥直笑。

孙眉见帝象聪明好学，脑瓜好使，就改变了让他经商的最初打算。

有一天，他对帝象说：

"你现在年龄还小，又肯用功，我看你还是继续上学吧，以后也许会有大出息。只是这里的学校都是英语，你不会英语没办法听课呀。"

帝象说：

"我不懂这儿的方言，不照样当了店员吗？不会怕什么？我可以学呀！一学不就会了吗！"

孙眉笑了，说：

"有志气，好样的！我一定为你找个好学校！"

同年9月中旬，帝象进入火奴鲁鲁市英基督教监理会办的男子初中——意奥兰尼学校。

他正式用名——孙文。

这是一所英国色彩十分强烈的学校，教科书全是英文，讲授英国历史，西方社会政治学说和自然科学的基础知识，以及英语、《圣经》，还有算术等科目。算术是以英镑、先令、便士计算。

教师讲课都用英语。

学校一开始就在孙文面前展示了一个奇异的世界，他好奇，他感兴趣，可是他一切都不懂。

他一切都要从头学起，而首先必须学会英语。

由于开始他不会英语，教师只得用手势向他表达所讲的内容。

他觉得非常困难，可是没有灰心和退却，通过仔细观察和琢磨，他逐渐发现学习英语的关键，在于掌握它的发音规律和构词方法。

由于他掌握了学习英语的窍门，成绩提高很快，不长时间在读和写方面都取得了喜人的成绩，较熟练地掌握了英语。

他在校勤奋学习，非常用功，除了完成学校的课业外，还利用课余时间补习中文，并且浏览中外群书。

他最愿意读的是华盛顿和林肯的传记，以及关于美国独立战争的一些书籍。

1882年7月，十六岁的孙文完成了在意奥兰尼学校的学习。

在盛大的毕业典礼上，他得到了学校的嘉奖。他这个三年前对英语一窍不通的中国农村孩子，竟然成了全年级英语文法考试第二名的优秀学生。他荣幸地得到了夏威夷国王架剌鸠亲颁的奖品。

对于他的获奖，整个檀香山华侨社会为之轰动，所有的华侨都为他感到骄傲。

特别是哥哥孙眉乐得笑不拢嘴，不但表示送他去当地最好的中学，还立约把自己的一部分产业过到孙文的名下，作为孙文将来继续求学或成家立业的基金。

同年秋天，孙文考入当地的一所高级中学——奥阿厚书院继续求学。该校是檀香山的最高学府，由当地的美国基督教公理会所办。

在这所学校里，孙文除学习正式课程外，对世界各国的历史和现状也产生了兴趣，读了大量的书，开阔了知识面。他打算毕业后赴美国攻读大学，继续深造。

然而，他进入奥阿厚书院没到一年，就与哥哥孙眉闹翻了。

原来，在意奥兰尼学校和奥阿厚书院里宗教教育都占有很重要的地位。

意奥兰尼学校的校长就是牧师，他为了使该校的学生皈依上帝，有计划地专门开设了《圣经》课程，学生每星期日必须去教堂做礼拜。

奥阿厚书院不仅要上圣经课和星期日做礼拜，而且还安排主教亲自讲授《圣经》课，学生们早晚要在学校教堂祈祷。

由于这两所学校"硬灌"式的教育和熏陶，使孙文接受了基督教，并对基督教的感情愈来愈深，成了一个虔诚的小教徒。

由于他信奉基督教，对哥哥孙眉供奉的保佑人们出海平安的关帝（关云长）就嗤之以鼻。

一天，他竟然把哥哥供奉的关帝神像撕毁了，并对哥哥说：

"关云长不过是三国时代的一个武夫，他死后怎么能降福人间，替人消灾灭难呢！你还是跟我一样相信上帝吧，只有上帝才能拯救人间。我正准备受洗……"

"你给我闭嘴！"

哥哥突然铁青着脸，朝他大吼了一声。

他吓了一跳，哥哥从来没对他发这么大的火。

孙眉又气咻咻地说：

"咱们是中国人，就要有中国人的宗教信仰，不能学洋人！瞧你读了几天书，连自己的祖宗都忘了！我告诉你，我坚决反对你信奉基督教！"

孙文并不服软，说：

"我信仰上帝，并不会因为你的反对而改变！"孙眉脱口而出：

"那你就给我回翠亨村去！我不希望你被洋化！咱们中国人永远都是中国人！"

孙文如果这时服软，哥哥也许会改变主意，可他很倔强地把头一昂，说：

"我不会把自己的命运交到你的手里。我可以回翠亨村，你也别想再管我。"

打破神像

1883年7月，孙文身穿一身崭新的丝绸长褂，拎着皮箱，辞别哥哥，从夏威夷乘船回国。

与四年前出国时不同，他已经长成一个英俊的小伙子了。更重要的是他头脑里装了不少西方文明观念，成为具有初步近代科学文化知识的知识分子了。

轮船到了香港，他又改乘沙船赴香山县的金星港。

在途中沙船到了一个设有海关的小岛，一靠岸，一批接着一批拖着辫子的清朝吏员就上船搜查。

这些关吏以征海关税、收厘捐、缉鸦片、查火油等名目为借口，对乘客进行蛮横勒索。

许多旅客生怕被扣留或罚款，纷纷主动送交钱物以图花钱免灾。

刚入国门就受到这样不公平的待遇，孙文极为愤慨。

当他第四次受到搜查时，终于忍无可忍，对关吏说：

"你们睁大眼睛看看，我这是皮箱，不是油桶！你们见过几个用箱子装火油的？你们分明是以搜查为名行勒索之实！"

两个关吏显然没想到会有人敢对他们如此不敬，正要发作。

孙文又说：

"我保留对你们控告的权利，我不相信你们这样胡作非为会没有人管。"

十七岁时的孙中山

见他说得义正词严，又一副富家公子哥的气派，两个关吏一时给震慑住了，摸不准他的来头，也就没敢发作。

两个关吏交换了一下眼色，阴险地冷笑着走了。

舱内响起一片鼓掌声，旅客们为孙文的仗义执言感到无比痛快。

听旅客们鼓掌叫好，孙文心头一热，大声说：

"这些官吏为何这么凶暴而又贪婪呢？要我说有两个原因：一个原因是我们这些旅客太软弱，不知道反抗，才使他们为所欲为；第二个原因是他们背后有大的官吏做靠山，他们做起坏事来才有恃无恐。简单地说，中国的一切不合理，一切的丑恶现象，都是那些大官吏造成的。而摆在人们面前的只有两条路，要么奋起抗争；要么默默忍受。"

这回没人为他鼓掌了，他激进的语言让一些胆小的乘客感到害怕，而更多的人为他的话所折服，向他投来钦佩的目光。

孙文对搜查的关吏的顶撞让船主付出了代价：关吏找借口把船扣留了，直到船主交了一大笔"罚款"，船第二天早晨才被放行。

回到家乡翠亨村，孙文看到一切还是老样子，一切都这么落后，贫困陈旧，死气沉沉。差役还经常来为非作歹，乡亲还去求神拜佛，富人仍然抽鸦片、纳妾和滥赌。贫苦的农民仍然默默地劳动，却吃不饱穿不暖。

想想檀香山，看看翠亨村，相差何止天壤。

为什么会这样？

孙文想明白了，归根到底一句话，是因为清朝的统治太腐败太黑暗。

孙文回来不久，一天，陆皓东等几个村塾的同窗又来看他，他说：

"咱们现在应该为改变自己的生活做些事情。我们还没能力反对官府，但我们可以帮助改良乡政，从而改变咱们村贫穷落后的面貌。"

陆皓东比孙文小两岁，从小就是他的追随者，对他这个敢说敢干的石头仔十分佩服，也得到过他多次保护和帮助。

听孙文说完，陆皓东就说：

"帝象，你就说怎么干吧，我们跟着你干！你留过洋，见识广，你说的不会错！"

孙文受到鼓励，更加来劲儿，又说：

"别的先不说，我看地主借用神像骗财害人最可气。那些地主用神像愚弄乡亲们，好像他们作威作福就是命中注定的。我们要破除迷信，唤醒乡亲们，这世界上人和人是平等的，也根本没有什么神仙鬼怪！"

陆皓东腾地站起身，说：

"咱们去把那些庙里的神像砸了！让他们烧不成香，也拜不成神！"

孙文也站起身，说：

"对！咱们这就去！"

但其他同窗都认为此事重大，未敢跟从，结果只有孙文和陆皓东奔到庙上。

庙内香烟缭绕，几个农民正在大殿里烧香拜神，虔诚之态让人可怜又觉可笑。

孙文和陆皓东踏进大殿。

孙文对几个农民大声说：

"你们别相信这世上真有什么神仙能拯救和帮助人！烧香拜神一点用也没有，因为这些神像都是假的。"

说着，跳上供桌，搬起"北方真玄武天上帝"，用力扔到地上，"啪"的一声，神像顿时"粉身碎骨"，泥塑里面的烂泥、稻草和木头皆裸露出来。

在场的人惊得呆如木鸡。

孙文又说：

"你们看，他要是有神灵，怎么不降罪于我呢！他根本什么也没有，就是烂泥一堆，草包一个！"

说着，又到左廊供奉专司生育的"金花娘娘"塑像前，一边把神像划成大花脸，一边说：

"你们看，我这么划她，她还朝我傻笑呢！她是什么神灵！你们乞求这些神灵的保佑，多么愚蠢和可悲呀！"

说着用手里的木条把神像的一只耳朵打掉在地上。

在场的农民全都跪在地上，吓得连头也不敢抬，嘴里颤声说着"罪过！罪过！"

陆皓东又上来把"金花娘娘"的塑像推倒，和孙文扬声大笑，出了庙去。

他们大闹北极殿，震撼了全村父老，引起了许多人反对，特别是本村的豪绅地主更是不依不饶。

孙文的父亲孙达成为平息众怒，答应交纳十两银子修复神像，并保证把"逆子"孙文逐出村子，以示处罚。

陆皓东也在村内无法立足，只好先避去香港，后辗转到上海的电报局当了报务员。

手足情深

"呜——"

轮船鸣着长笛缓缓离开港口，驶向大海。

孙文站在甲板上，举目远眺，心潮澎湃：哥哥给他来信说生意遭到失败，让他急速赴檀香山商议解决办法。所以，他第二次踏上了赴檀香山的航程。

这时已是1884年11月了。

记得1883年11月，也就是一年前，孙文因大闹北极殿而被逐出翠亨村，他到香港不久，就进入了由英国圣公会主办的男子中学——拔萃书室，攻读高中课程。

同时，他还利用课余时间，给一个叫区凤墀的基督教传教士补习国文。

不久，经区凤墀介绍，孙文结识了美国公理会传教士喜嘉理。

1883年的年底，孙文和陆皓东一起，在香港的美国纲纪慎教会的礼拜堂受洗，正式加入了基督教，主持受洗仪式的就是喜嘉理牧师。

受洗时，孙文给自己起了个新名字，叫"孙日新"，这是他的教名。后来，区凤墀根据"日新"的粤语谐音又给他多起了一个名字，叫"逸仙"。

孙文在拔萃书室就读不到半年，第二年的4月14日，转入在香港的英国当局开办的一所设备较完善的中央书院，继续高中学业。

中央书院的办学宗旨是"沟通中西文化"，它是当时堪称全香港第一流的高级中学。

学校中所授学科与课程有语文、文学、世界史、英国史、卫生、算术、几何、代数、地理、机械绘画等。教师全部是来自英国本土的剑桥、牛津等名牌大学的毕业生。

孙文在校学习十分刻苦，课余还抓紧时间博览群书。他还专门请了教师帮他在晚上辅导古汉语。

他在全班英文成绩最好，常得教师的夸奖。

他平时不苟言笑，可是谈论或辩论起来，总是滔滔不绝，古今中外，三教九流，无不知晓，因此得了一个绰号"通天晓"。

可正在他潜心苦读时，突然接到了哥哥孙眉的来信，让他急速去檀香山……

漫长的航程，难耐的寂寞，更让他担心的还是哥哥。也不知哥哥的生意是否有转机？这些年，家中生活改善和自己在外读书全仗哥哥的资助，现在哥哥面临困境，自己应该怎么帮助他呢？

孙文来到檀香山，心急火燎地赶来茂宜岛姑剌埠牧场见到了哥哥孙眉。

他顾不得喝一口哥哥递给他的葡萄酒，急切地说：

"哥，生意怎么样了？有没有转机的希望？"

哥哥却笑了，喝了口葡萄酒，说：

"看你急得这样，你呀，让我说你什么好呢！老实跟你说吧，生意一点事没有，而且越来越好。"

孙文一仰脖喝下一杯葡萄酒，然后说：

"那你为什么骗我？吓得我一路上心神不宁。再说，你让我来也耽误我学习呀。"

孙眉说："不要再学习了，还留在我这儿帮我做生意吧，我正准备扩大经营范围，也缺人手……"

孙文淡淡一笑，说：

"我明白了，你是想用生意把我捆住。"

孙眉敛起笑容，说：

"是又怎么样？总比你这样胡闹下去好。我在信中已经表明我的态度，不许你加入洋教，可你根本不听我的话！你说你，毁坏村庙的神像给咱家添了多大麻烦，你一走了之，让父母家人在村里无法抬头做人，父亲为此气出一场大病，你知道不知道？"

孙眉显然生气了，越说越声高。

孙文也不示弱，说：

"哥，亏你出来闯荡这么多年，那些人到北极殿烧香拜神根本就是迷信，是愚昧无知……"

孙眉打断孙文的话：

"别总说别人无知，你不就是念了几天洋书吗！就看不起家乡的乡亲们了！洋教是一种信仰，而他们烧香拜神也是一种信仰。我看，洋教一点也不比咱们中国人的宗教高明。"

孙文说："这并不是哪个宗教高低的问题。封建迷信只能麻醉人们的心灵，愚弱国民的精神，而基督教则利用上帝的力量对人们进行感召，让人们去追求人生美好的境界……"

孙眉显然知道辩论不是弟弟的对手，又打断孙文的话头，说：

"我说不过你，你越来越目中无人了！我真的后悔把那些财产划给你，正是你觉得有了钱，才这么胡作非为，哼，你迟早会闯出大祸！"

孙文也生气了，说：

"你要是这么说，你现在就可以把那笔财产收回去！财富不足以动我心，贫贱也不能够改我志。你认为我闯祸的事，又怎知不是对我们那个可爱的、却又令人感到忧伤的国家更好。"

孙眉说："我没说要收回财产，只是要留你在这里，你在这里发展，这也是父亲同意的。"

孙文说："其实是一样的。你写信劝阻不了我，就想把我骗来，用生意捆住我，假使我不同意留下，就收回财产，在经济上封锁我。哥哥，你为我这个不争气的弟弟，也算是费尽了心机。"

自己倒了杯葡萄酒，一饮而尽，又说：

"哥，我跟你说句心里话，你的一片好心我心里全明白。没有你，我也没有今天，可我有了今天，我再不想过你为我设计的生活。也许我做生意能够变成富翁，锦衣玉食，可是我永远也不会忘记咱们的国家，那里还有多少人在忍受饥寒交迫。哥，你说，我们每一个有志气、有良心的中国人不都应该为咱们的国家做点什么吗！

"哥，我加入洋教，并不是为了变成洋人，我是为了更好的学习掌握西方一切好的东西，以便用来改变我们的国家。假如那些官吏人人都信奉上帝，他们恐怕决不会再做坏事。"

孙眉说："照你这么说，那清朝皇帝信奉了基督教，他也会为上帝做事了？"

孙文坚定地说：

"我相信是这样，那将是万民之福。"

孙眉漠然一笑，说：

"可惜，不论清朝的皇上还是那些官吏，都不会接受洋教。"

孙文说："救国救民之路不止这一条，只要我辈坚持求索，总会找到一条合适的路。"

孙眉说："得了吧，你真是胸怀大志，救国救民说说容易，做起来难如上青天。你还是老实地跟我做生意吧。"

孙文知道一时难以说服哥哥，便不说了。

他几天后又被哥哥送到茄荷蕾埠的商店去当店员。

他心里很矛盾，一时难以做出决定：长此干下去吧，实在不甘心；不干下去吧，哥哥可能真的收回财产，那时他将没钱继续上学。

就这样心不在焉，无精打采地混到了第二年春天，他终于下定决心：不管怎样也不能被这无聊的生意困住，一定要回香港继续读书。

心中主意拿定，他去找哥哥孙眉，表明态度，决定回国。

孙眉很生气，说：

"你不怕我收回财产？"

孙文平静地回答：

"那原本就是你的。咱们去律师事务所办一下移交手续吧。"

于是，兄弟俩去办了财产转交的法律手续。

办完，孙眉又说：

"我等着你改变主意。"

孙文没吭声。

两天后，他去找姐夫杨紫辉（孙妙茜的丈夫），让姐夫帮他归国求学，未能如愿。

他就给哥哥孙眉写了封辞别信留在商店，自己来到火奴鲁鲁市，找原来奥阿厚书院的教师和同学借了300美元的旅费，准备启程回国。

还未等启程，哥哥孙眉追到火奴鲁鲁市，找到了他。

"你真的要走吗？"

哥哥急得满头大汗。

孙文说："我已经借到了旅费。我不会再花你一分钱。"

哥哥眼里却涌上泪水，说：

"我收回财产是为了要留住你，没想到你这么犟。好了，我服你了，你回去上学吧，缺钱就给我写信。我已经给家里寄回一笔钱，让家里为你张罗婚事了。"

孙文也感动得眼中含泪，说：

"哥，我真让你操心了……"

学医·交游

哥哥孙眉让家里为孙文张罗婚事可不是说说而已。

孙文1885年4月自檀香山经日本回国，到翠亨村后，父母就把他留下了，说已经为他订下了一门亲事，他回来正好完婚。

孙文试图反抗这桩包办婚姻，可母亲哭，父亲骂，他哪里拗得过？

只好奉父母之命，凭媒妁之言，与同县商人卢耀显的女儿卢慕贞结了婚。

时间是1885年5月26日，孙文十九岁，妻卢慕贞十六岁。

虽然结了婚，可孙文求学之心未死。

同年8月，他又离开家乡，到香港的中央书院复学，直到1886年夏修完了中学课程。

高中毕业，他面临对未来职业的选择。

说到选择未来的职业，刚刚结束的中法战争，不能不对他是个影响。

1883年12月，中法战争爆发之初，孙文就非常关注，他每天都要看关于战争报道的报纸。当得知清军在台湾和广西分别大败法军的消息时，他高兴得跳了起来，把身边的外国学生吓了一跳。

然而，出乎他的意料，在法国战败求和时，清朝政府不仅屈辱地结束了战争，而且还于1885年6月9日与法国签订投降卖国的《中法新约》。

清朝政府的昏庸、腐败及卖国，让祖国蒙受了奇耻大辱，深深地刺痛了孙文的民族自尊心，他感到愤慨的同时，也对清朝政府感到了绝望。

在这种情况下，当有的朋友劝孙文为官时，他断然否决，说：

"我对大清政府已经失望，怎会做它的官。"

也有的朋友建议孙文投考神学院，将来做一个布道救世的传教士。

而孙文认为那对当时的中国还起不了多大作用，因为国民多数都是排斥洋教的。

他有自己的志向，在中法战争的刺激下，他认为军事可以报国也可以救国，一度想投笔从戎。

他希望做个海军军官，投考海军学校，但当时中国唯一的福建马尾水师学堂已遭法军炸毁而停办，使他无法实现当海军军官的愿望。

此后，他也想过当一名律师，主持正义，捍卫法律，惩恶扬善，又因中国当时没有法律学校而作罢。

最后他又想到了中法战争中有关伤员惨状和应用西方医学进行抢救的报道，决定选择医生这一职业，用自己的医术济世救人。

就这样，1886年秋季，经过喜嘉理牧师的介绍，他进入了美国基督教长老会办的广州博济医院附属医校——南华医学堂。

他在南华医学堂读了刚一年，听说香港新开设了一家英文医校，师资和设备皆优，而且较为自由，便于1887年9月转学到香港这家医校——香港西医书院。

香港西医书院是香港议政局议员、律师兼医生何启创办的，他先创办了利济医院，后在医院内开设了这所西医书院。

所以，西医书院的学生有很多机会到医院去实习。孙文在同学中年龄较大，功课皆佳，人缘又好，被推选为班长，各方面甚受教师的器重，出诊时常带他去当助手，增加了许多学习机会。

孙文深得来自英国伦敦的康德黎博士的器重，康德黎是接替孟生博士的第二任教务长。

康德黎博士非常喜欢孙文，给予他很高评价，说孙文品质文雅，勤奋好学；不论在学校还是在私人生活方面都表现出绅士般的仪态，堪称其

南华医学堂旧址

他同学的模范。

后来，康德黎博士还称赞说：

"我从未认识像孙逸仙这样的人，如果有人问我所知的人中谁最完美，我将毫不迟疑地指出孙逸仙。"

孙文在西医书院攻读了五年，此间，他除了苦研医学外，还读了大量有关社会科学和自然科学的"杂书"，尤其爱读《法国革命史》和达尔文的《物种起源》。

同时，在课余他还重视进修中文，先后接受过王孟琴、陈仲尧两位教师的辅导。他还买了一部《二十四史》放在宿舍里，经常翻阅。

孙文在西医书院是个品学兼优的学生，却不是个书呆子，他经常关心国家大事，并广泛交游。

这一时期，与孙文交往最密切的有陈少白、尤列、杨鹤龄三人。由于他们四人经常谈论革命，还提出"勿敬朝廷"的口号，有人甚至称他们为"四大寇"。

陈少白比孙文小三岁，经孙文引荐到西医书院就读，成为同窗好友。

尤列与孙文同岁，在香港华民政务司署任书记职务，游历广泛，见多识广，是个爱国反清的激进青年。

1888年，孙中山与陈少白、杨鹤龄、尤列、关心焉在香港合影。

杨鹤龄比孙文小两岁，与孙文同村，自幼相熟，他和尤列曾是广州算学馆同学。他父亲在香港开设了一家商店，他成了商店的经理。他的商店是"四大寇"常聚会之所。

除了这三个人，孙文最要好的朋友还有陆皓东与郑士良。

陆皓东去上海电报局任报务员后，两人经常通信。他每次从上海回广东必途经香港看望孙文。

郑士良比孙文大三岁，因父辈的关系，从小与会党绿林中人有交往，受到反清复明思想的影响，痛恨清朝政府。

孙文在广州博济医校读书时，与郑士良是同学。他转学到西医书院后，郑士良于1888年辍学回乡开设西药房，继续从事联络会党的工作。

郑士良与孙文之间也经常有书信往来，他还经常到香港与孙文见面，谈论时势，赞成孙文的政治主张。

在西医书院后期，孙文结识了杨衢云。杨衢云当过英文教员，后任香港招商局英文书记，后来和一些朋友组成了"辅仁文社"。

孙文还结识了一些有志于改革的维新派人士，对他影响最大的首推西医书院的创办人何启。

何启在香港社会是个很有影响的人物，是个精通西学，主张国家改革的爱国忧时人士。他曾撰文呼吁中国应在制度上实行改革，取信于民。

这样的何启，当然会得到志在改造中国、醉心西学、关心时事的孙文的景慕。

在何启的影响下，孙文在读书学习之余，也喜欢写文章，公开发表改革和救国的言论。

也可以说，何启是孙文民主革命思想的启蒙老师。

1892年7月，孙文在西医书院毕业了。他总成绩最优异，荣誉名次列第一名。

在7月23日举行的毕业典礼上，孙文接受了教务长康德黎博士颁发的西医书院第一名毕业执照，并获得《婴孩与儿童之病症》《外科肾症》《神经之损伤与病症及其治疗》三书奖品。

澳门行医

1892年秋天，在香港西医书院毕业的孙文应澳门镜湖医院的邀请，到该院当了西医师。

同年12月，他改在澳门大街仁慈堂附近开设了一间中西药局，自己单独行医。

他是中国籍西医师在澳门开业的第一人。

1893年在澳门创刊的《镜湖丛报》，曾两次登刊《春满镜湖》告白，介绍孙文在澳门行医的情况。

告白详细记述了孙文当时的行医地点、时间及业务范围，尤其表彰他精湛的医术和高尚的医德。具名刊登广告者，均为当时澳门的知名人士。

其广告全文如下：

大国手孙逸仙先生，我华人而业在西医，性情和厚，学识精明，向从英美名师游，洞窥秘奥。现在镜湖医院赠医数月，甚著功效。但每日除赠医外，尚有诊症余闲。在先生原不欲酌定医金，过为计较，然而称情致送，义所应然。今我同人，为之厘订规条，著明刻候：

每日由十点钟起至十二点钟止在镜湖医院赠医，不受分文，以惠贫乏；复由一点钟至三点钟止在写字楼候诊，三点钟以后出门就诊，其所订医金，俱系减赠。他如未订条款，要必审视其人其症，不事奢求，务祈相与有成，俾尽利物济人之初志而已。

下列条目于下：

一、凡到草堆街中西药局诊症者，无论男女，送医金二毫，晨早七点钟起至九点钟止。

二、凡亲自到仁慈堂右邻写字楼诊症者，送医金一元。

三、凡延往外诊者，本澳街道送医金二元，各乡市镇远近随酌。

四、凡难产及吞服毒药延往救治者，按人之贫富酌议。

五、凡成年包订，每人岁送医金五十元；全家眷口不逾五

1892年9月，孙中山到澳门镜湖医院新设的西医局任义务席医。

人者，岁送医金百元。

六、凡遇礼拜日十点钟至十二点钟，在写字楼种牛痘，每人收银一无；上门种者，每人收银三元。

七、凡补崩口、崩耳，割眼膜、痈疮、疬瘤、淋结等症，届时酌议。

八、凡奇难怪症，延请包医者，见症再酌。

九、凡外间延请，报明急症，随时速往，决无迁延。

十、凡延往别处诊症，每日送医金三十元，从动身之日起计。

乡愚弟卢焯之、陈席儒、吴节薇、宋子衡、何穗田、曹了基同启。

孙文擅长外科手术和治疗肺病；他医德好，还常为穷人和有困难的人免费诊治；他的医术较高，药到病除；每遇疑难重症，他的老师康德黎博士必从香港赶来临床指导，多能妙手回春。所以，他在澳门行医不长时间，就声名鹊起，使求医者纷至沓来。

同行是冤家。孙文在澳门仅一年左右的时间，他就遭到了在澳门行医的一些葡萄牙人的妒忌和排挤。

1893年春，孙文愤然离开澳门，转赴广州行医。

他在广州冼基先开设了东西药局，由于医务之盛，又在圣教书楼开设一处东西药局的分诊所；同时，还在香山石歧镇与人合股开设东西药局的支店。

如果孙文专心行医，不成为旷世名医，定会成为富甲一方的大佬，可他却一心二用，一面施医赠药，救治同胞；一面继续联络友朋，商谋救国救民大计。

他认识到"医术救人所济有限"，要想让广大贫苦群众摆脱苦难，"医国"更为重要。

上书李鸿章

1893年冬初，孙文邀集旧友陆皓东、郑士良、尤列和新朋魏友琴、程耀辰、程璧光、程奎光，聚会广雅书局南园的抗风轩。

在这次聚会上，除了谈论时事政治，孙文还提议成立反清的革命团体，但由于人数太少，也就没具体实施。但表明孙文的民族革命思想已趋于成熟。

抗风轩议盟没有付诸实施，还有一个重要原因，就是当时孙文受何启和郑观应这两个改良主义者的影响，对清朝政府又产生了一丝幻想，希望用和平的方式谋求改革政体，救国救民。

他终于决定直接上书李鸿章，阐述改革和强国富民之策。

他相信身为清政府掌握军、政、外交大权的直隶总督兼北洋通商大臣的李鸿章有能力改革兴邦，救万民出水火。

于是，孙文在1894年1月底，不声不响丢开诊所，躲回翠亨村闭门书写《上李鸿章书》。

十几天后，他回到诊所，对赶来的陈少白说：

"你看看吧，这是我写的《上李鸿章书》，哪个地方不合适，你可以修改。"

陈少白接过文稿，说：

"写这样的东西不容易，要想递上去恐怕更难。"

为了上书李鸿章，孙文和朋友们开始了一番活动。

孙文几经周折，请曾任澳门海防同知，后辞官闲居广州的魏恒写了封见盛宙怀的推荐信。

孙文带着这封推荐信和陆皓东前往上海，见到了盛宙怀，递上推荐信，表明来意希望盛宙怀把他介绍给其兄盛宣怀。

在顺利地得到盛宙怀介绍信后，两个人又拜访了前辈郑观应。由郑观应介绍，又结识了另一位著名改良主义者、太平天国的状元王韬。

听说孙文要上书李鸿章，王韬也答应帮助疏通门径，便写信给与李鸿章关系密切的幕僚罗丰禄，请求帮助"玉成其志"。

而郑观应直接给盛宣怀写信，称孙文"其志不可谓不高，其说亦颇切近，而非若狂士之大言欺世者比"。信中要求盛宣怀介绍孙文去见李鸿章，还注明要盛氏求李鸿章为孙文弄一张游历泰西各国的护照。

1894年6月，孙文和陆皓东兴冲冲地从上海来到天津，寄寓在法国租界佛满楼客栈。

住下之后，便联系上了盛宣怀和罗丰禄，两人答应先把上书转呈李鸿章，至于李鸿章是否召见孙文，只有等看完上书再说了。

两个人只好在客栈眼巴巴地等着回音。

没过几天，盛宣怀来见二人，为孙文拿来一张让他出国考察农桑的护照。

"怎么样？李大人对我们的上书说了什么？"

陆皓东急不可待地问。

盛宣怀说：

"李大人没说什么，只让我弄了这张护照给孙先生。"

孙文忍不住问：

"李大人没说何时召见我吗？"

盛宣怀说：

"我还真问了一句，说用不用你们等在这里。李大人说等打完仗再见吧。他可能真是没时间。"

孙文对李鸿章的冷淡心里很不舒服。他知道中日甲午战争正在进行，可军务再忙也不至于连见个面的时间也没有啊，主要原因还是李鸿章对他的上书不感兴趣，或者根本就没有看。

送走盛宣怀，陆皓东垂头丧气地说：

"看来白折腾了！我们下步应该怎么办？"

孙文推开窗子，举目望向天际那朵飘忽的洁白的云朵，说：

"和平的方式不行，我们只好付诸暴力了。"

孙文这时已经意识到他指望李鸿章的改革是自己失算了。

那么甲午战前，孙文已孕育着反清革命思想可为什么还要上书李鸿章，寄希望于自上而下的改革呢？

对此陈少白说：

"孙先生所以要上书李鸿章，就因为李鸿章在当时算为识时务之大员，如果能听他的话，办起来，也未尝不可挽救当时的中国。"

孙文自己在后来著书中也道出了上书动机：

"中国睡梦之深，至于此极，以维新之机苟非发之自上，殆无可望。"采用上书请愿等方法，则可"冀九重之或一垂听，政府之或一奋起也。"

显然，孙文和陈少白所说是一致的。

上书李鸿章确实反映了当时孙文对李鸿章的看法和指望，是他揆情度势所做出的选择。

分析孙文上李鸿章书的失败，可以清晰地看到反清革命思想和维新改良思想在他头脑中的一个斗争过程。

19世纪后二十年，中国出现了一股改良主义思潮，其早期的代表人何启、郑观应，作为孙文的老师、同乡，对他的影响极大。

改良思想对他起了一定的启蒙作用，有助于他日后的民主革命思想的形成，然而，也把消极的一面，即改良救国的思想埋在他的脑海。

强烈民族责任感和亟欲实现资产阶级政治的愿望，驱使着孙文匆匆地将自己的救国方案"求知于当道"，这在当时，只有借助于维新派师友才能办到。如前所述早期维新派确也在这方面起了穿针引线的作用。

孙文选择自己的道路时，当然不能离开当时社会提供的现成条件；他也不可避免地要受到别的派别人物的审视和选择。这种选择和被选择，就决定了他对李鸿章的认识需经历曲折的过程。

孙文上书李鸿章时，曾对陈少白说：

"吾辈革命有二途径，一为中央革命，一为地方革命。如此项条陈李鸿章采纳，则借此进身，可以实行中央革命，较地方革命为事半功倍。"这是孙文当时的真心话。

这里讲的中央革命，有的论者把它解释为通过清朝实行自上而下的和平改革，是有道理的，从上书郑藻如到上书李鸿章，确实反映了孙文通过改革实现中国近代化的愿望和"驾欧洲而上之"的伟大抱负。但是这种解释却又是不够的。

如果把孙文向慕洪秀全的反清事业，像陈少白所忆述的那样，"以为国家为什么这样衰，政府为什么这样糟，推究其故，就是政府的权柄，握在异种人——满洲人手里，如果拿回来，自己去管理，一定可以办好"；以及孙文误以为李鸿章"识时务之大员"，但孙文在上书里又不像康有为等维新派那样，把称颂皇上圣德等等作为一个总体来看。那么孙文寄望于李鸿章，实则寓存着两种意图：

一是把半殖民地化的中国转变为近代化亦即资本主义化的中国；另一个是幻想通过李鸿章掌握全国局势，以排除腐败的满洲贵族统治。

于是，由此可以看到，孙文和维新派之间隐寓着一大根本歧异。

毫无疑问，这是一大幻想。

但在正规的资产阶级民主革命尚未发动的情况下，孙文企图依靠李鸿章这样的权要，想用和平之法，以图中国的富强，却是可以理解的。

还应该看到，孙文在上书里虽然讲了不少推崇李鸿章的话，但他与李鸿章道路的分歧和对立却隐然存在：

首先，孙文提出中国要图富强，关键在于人尽其才，地尽其利，物尽其用，货畅其流，即充分调动人的积极因素，利用中国地大物博等各种优越条件，取法西方，迅速发展民族工商业，并超越欧美；批评洋务派

"徒维坚船利炮之是务，是舍本而图末也"。

其次，为了发展民族工商业，孙文提出了"保商"和建立统一的国内市场的要求。

他特别强调发展交通事业，以消除货不能畅其流的地域隔离状态，指出："商务之能兴，又全恃舟车之利便"，"故有铁路之邦，则全国四通八达，流行无滞；无铁路之国，动辄掣肘，此之瘫痪不仁，地球各邦已视铁路为命脉矣。"他建议多置轮船，多筑铁路，"必也先设于繁富之区，如粤港、苏沪、津通等处，路一成而效立见，可以利转输，可以励富户，则继之以推广者，商股必多，而国家亦易为力"。

他尖锐地指责当时清政府所设置的重重障碍，"过省有关，越境有卡，海口完纳，又有补抽、处处敛征，节节阻滞，是奚异遍地风波，满天荆棘？商贾为之裹足，负贩从而怨嗟"。

这里虽没有直指李鸿章，但正居清廷权要的李鸿章，当然要对这种情况负责，而李鸿章等洋务派当时推行的内外政策，实际上起着压抑和摧残民族工商业的作用。

第三，孙文在上书里虽没有提出解决农民的土地问题，但他反对农民"恒守古法，不思变通"的现状，企图通过"农政有官，农务有学，耕耨有器"来实现农业资本主义化。

这是源于他在少年时就"认为中国农民的生活不该长此这样困苦下去"。

孙文的这种既同情农民困苦，又力图使农民摆脱封建束缚，在中国近代化中谋求新的出路的想法，和李鸿章正在大肆兼并土地，极力保存封建剥削根基和分散的小农经济，自然是根本不同。

孙文与李鸿章在中国道路的选择上既有根本分歧，李鸿章当然不会把这年轻改革者放在眼里。而他上书受到冷遇和拒绝也是必然的了。

创立兴中会

1894年10月，孙文从上海经日本来到檀香山。这是孙文第三次来檀香山，距上次来已经十年了。

下了船，坐上哥哥派来接他的专车，来到哥哥的别墅。

孙文知道哥哥生意越做越大，在茂宜埠经营农牧业，拥有几千头牛，几百顷田，还开着几处商店。当地人管哥哥孙眉叫"茂宜王"，在檀香山华侨中很有影响。

见到哥哥孙眉，叙过家常，孙文便说到正题：

"哥，我已经给李鸿章上书了，却遭到了失败，看来和平的方法是不管用了。现在，正值中日开战，我想趁这机会发动武装起义。这次我来想在这里成立组织，筹集军费，为起义做准备。我当然需要你的帮助和支持。"

哥哥没吭声，神色很平静。

孙文又说：

"哥，也许你会认为我这么干太冒险，太自不量力，但凡事总得有人带头啊。现在咱们国家内忧外患，民不聊生，已经到非造反不可的时候了。"

孙眉神情变得凝重了，终于开口道：

"是该反了。朝廷腐败无能，国家贫弱，我们这些华侨也被人瞧不起，受人欺压。难得你有这样的雄心大志，我支持你。"

孙文想不到哥哥这么爽快地答应了，激动地说：

"哥，我还怕你阻拦我呢。有你的支持，我更有信心了。"

孙眉微笑一下，说：

"以前我是怕你惹祸，现在你已长大成人，又读了这些年书，你的选择不会错。另外，在外面呆得时间越长，越知道国家的重要，你说得对，我们每个人不能只管自己锦衣玉食，更应该为国家做点事情。"

在哥哥孙眉的大力帮助下，孙文开始在华侨中积极开展革命宣传和组织工作。

这些华侨几乎都有与哥哥孙眉一样的想法，感到国弱就被人欺，而要想强国就必须推翻清朝的黑暗统治。

孙文经过一个多月的鼓动宣传，11月24日，在火奴鲁鲁卑涉银行华人经理何宽的寓所召开了兴中会成立会议。

何宽还担任檀香山《隆记报》的编辑，算得上是一个有新学知识和眼界开阔的人。

参加会议的有二十多人。在会上，孙文起草的《兴中会章程》被一致通过。与会人员还填写了入会盟书，并进行了秘密宣誓。

宣誓方式是以左手置于《圣经》上，举右手对天宣誓，誓词为：

驱除鞑虏，恢复中华，创立合众政府，倘有贰心，神明鉴察。

会议上选出了檀香山兴中会的正副主席，分别是刘祥和何宽。又选举出正副文案、管库和值理。

会后，各会员又相继四处联络，发展会员。先后又有九十余人入会，到1895年底檀香山入会的会员共有一百二十六人。

其间，兴中会派宋居仁、李昌到茄荷蕾埠建立了以孙眉为主席的分会，派孙眉到百衣建立了以邓荫南为主席的分会。

檀香山兴中会从它发布的宣言来看，没有公开揭出反清革命的宗旨，而是宣扬了"振兴中华，维持国体"的主张。宣言胪陈了国家面临的危亡处境，饱含着对清朝统治者的严正批判和对民族危亡的深切忧虑：

中国积弱，非一日矣！上则因循苟且，粉饰虚张，下则蒙昧无知，鲜能远虑。近之辱国丧师，翦藩压境，堂堂华夏不齿于邻邦，文物冠裳，被轻于异族。

有志之士，能无抚膺！夫以四百兆苍生之众，数万里土地之饶，固可发奋为雄，无敌于天下。乃以庸奴误国，荼毒苍生，一蹶不兴，如斯之极。

方今列强环列、虎视鹰瞵，久垂涎于中华五金之富，物产之饶。蚕食鲸吞，已效尤于接踵；瓜分豆剖，实堪虑于目前。

有心人不禁大声疾呼，亟拯斯民于水火，切扶大厦之将倾。用特集会众以兴中，协贤豪而共济，抒此时艰，奠我中夏。仰诸同志，盍自勉旃！

宣言使用了一系列排比和对偶的写作手法，读来朗朗上口，不失为一篇充满着救亡爱国感情的优秀散文。

如果单从宣言本身分析，檀香山兴中会还只是一个爱国主义为宗旨的团体。

宣言对清王朝的批判，措辞虽然严正，但也只限于"庸奴误国，荼毒苍生"。至于"固循苟且，粉饰虚张"，"蒙昧无知，鲜能远虑"之类的用词，这在当时不少改革派的文论中都可看到。而宣言所列的九项规条中第一条申明宗旨称：

"是会之设，专为振兴中华，维持国体起见。盖我中华受外国欺凌，已非一日，皆由内外隔绝，上下之情罔通，国体抑损而不知，子民受制而无告。若厄日深，为害何极！兹特联络中外华人，创兴是会，以申民志而扶国宗"，更增加了它的温和色彩。

从这篇宣言（即章程的前言），可以看出，孙文很善于抓住甲午战败，人民对政府普遍不满的时机，极力以爱国救国为号召，吸集同志。

孙文不明确标出反满革命的宗旨是很有道理的。

一则檀香山华侨骤闻革命，即使不为震骇，亦实难得齐心一志之效；他们即不为个人考虑，却不能不顾及身居内地的家属的安全。

况且，孙文离开檀香山已经十年，十年前的他还只是个不满二十岁的小青年。如今刚一到檀岛就以革命领袖身份出现，恐难取信于人。但作为一种爱国的举动，举办一点公益事业，邀集人们予以赞助，他又有医生的资格，是容易令人信服的。

因此他避开反满革命一类字眼，而只以爱国"兴中"为号召。

孙文的直接目的是要筹款，为革命起义准备经费。

所以，他更多考虑的是怎样使人们愿意拿出钱来，以爱国公益相劝募，远较革命起义更容易使人心动。

《兴中会章程》九条之中，有三条谈及经费问题，而被保存下来的兴中会一原始文献，也恰是有关经费的。

根据以上的分析，可以认为，前文所写兴中会的誓言：

"驱除鞑虏，恢复中华，创立合众政府，"不大可能是檀香山创会时的产物，而实可能是香港创会时才开始使用的。因为在香港成立总会时是直接同组织武装起义的计划联系在一起的。

檀香山兴中会成立后，孙文请了一个丹麦人做教官，对会员进行每周两次的军事训练。

孙文主要的工作还是为反清起义积极筹饷，到1895年1月，已经募得经费约合港币一万三千元。捐款最多的是孙眉和邓荫南。

这些经费还远远不够，孙文想赴美洲发展组织，筹募起义经费。而这时他接到了宋嘉树（宋庆龄之父）的信，告知甲午战争中清军屡败，朝廷无暇他顾，正是举行反清起义的好时机，建议孙文尽快回国发动。

宋嘉树是孙文上书李鸿章时，在上海结识的一位朋友，非常支持孙文的革命事业。他曾经在海外广泛游历，也是个基督徒，曾在国外读过神学院。回国后在上海创办美华书馆，印行《圣经》中文本，并创立中华基督教青年会。

孙文接到宋嘉树的信后，改变主意，决定回国尽快发动反清起义。

1895年1月下旬，孙文率邓荫南、宋居仁等人离檀香山经日本回到香港。

到香港后，孙文先找到辅仁文社的社长杨衢云，商讨成立组织，进行反清起义之事。

杨衢云欣然赞成，表示他的辅仁文社可以与孙文的兴中会联合起来，以壮大力量。

随后，孙文立即与陆皓东、郑士良、陈少白、尤列、杨鹤龄等人联系，商讨在港扩大兴中会事宜。

由于杨衢云态度积极，联合谈判很快成功。1895年2月21日，兴中会与辅仁文社合并为一，仍定名为兴中会，设总机关于香港士丹顿街13号，为避清廷耳目，对外称"乾亨行"。

辅仁文社方面宣誓加入兴中会的有三人，即杨衢云、谢缵泰和周昭岳。

孙文一派中陆皓东、陈少白、郑士良等一批人也宣誓加入了兴中会。

香港兴中会也对外发布章程。

章程实际上分为宣言与章程两部分。

其宣言部分与檀香山兴中会基本相同而有所修改。原"乃以庸奴误国，荼毒苍生，一蹶不兴，如斯之极"一句，改为"乃以政治不修，纲维败坏，朝廷则鬻爵卖官，公行贿赂；官府则剥民刮地，暴过虎狼。盗贼横行，饥馑交集，哀鸿遍野，民不聊生，呜呼惨哉！"

这种改动，使原来较为含糊的语句，变得内容更为具体，措辞更为激烈，抨击更为猛烈，但没有根本上的性质不同。

所以，宣言部分虽然做了修改，但仍没有公开提出革命主旨；加强了批判，表现的仍是忧国忧民的爱国之情。

章程部分改动较大，与檀香山兴中会章程相比，不仅把原来的九条扩充为十条，而且条理更加清晰，各条内容更为具体，其救亡图存，维新改良的色彩也更为显明。

所谓条理更加清楚，是指香港兴中会十条章程就会名、总部、分会、宗旨、会员条件、领导机构、入会方法程序、支会与总会关系、筹款、会所等皆分条叙述，较之檀香山兴中会章程，更具内在逻辑，更符合组织建设的要求。

所谓各条内容更为具体，一是与檀香山兴中会原有规条相比而言，如原规定领导机构组成：

本会公举正副主席各一位，正副文案各一位，管库一位，值理八位，差委二位，以专司理会中事务。

香港兴中会章程规定：

本会按年公举办理人员一次，务择品学兼优，才能通达者。推一人为总办，一人为帮办，一人为管库，一人为华文案，一人为洋文案，十人为董事，以司会中事务。凡举办一事，必齐集会员五人，董事十人，会议妥善，然后施行。

后者较之前者增加了领导班子的任期（每年公举一次），成员的条件（品学兼优，才能通达），改值理、差委为董事，增加了议事必需的成员等内容，从而使领导机构的组成趋于制度化。

再如会员入会规定，檀香山兴中会仅规定：

"凡新入会者，须要会友一位引荐担保，方得准他入会。"

香港兴中会章程改一人引荐为二人，增加新入会者的条件：

"心地光明，确具忠义，有心爱戴中国，肯为其父母邦竭力，维持中国以臻强盛之地";增加入会手续,当众自承甘愿入会,亲填名册,即缴会费等内容。

二是指檀香山章程所无而香港章程新设的内容,如章程第一条:

"会名宜正也。本会名曰兴中会,总会设在中国,分会散设各地";章程第六条支会,规定各地可按章程自行立会,一地一会,以十五人起会,由总会给照认妥后才能与总会保持联系;第七条人才宜集,第九条公所宜设等均有具体规定。

所谓救亡图存、维新改良色彩更显明,主要表现在章程的第二、第三条,其中第二条不仅重申了檀香山章程宣布的"振兴中华,维持国体"的宗旨,而且对之详加引申,强化了救亡图存的内容,全文如下:

二、本旨宜明也本会之设,专为联络中外有志华人,讲求富强之学,以振兴中华、维持国体起见。盖中国今日政治日非,纲维日坏,强邻轻侮百姓,其原皆由众心不一,只图目前之私,不顾长久大局。不思中国一旦为人分裂,则子子孙孙世为奴隶,身家性命且不保乎!急莫急于此,私莫私于此,而举国愦愦,无人悟之,无人挽之,此祸岂能幸免?倘不及早维持,乘时发奋,则数千年声明文物之邦,累世代冠裳礼义之族,以此沦亡,由是泯灭,是谁之咎?识时贤者,能无责乎?故特联络四方贤才志士,切实讲求当今富国强兵之学,化民成俗之经,力为推广,晓谕愚蒙。务使举国之人皆能通晓,联智愚为一心,合为一德,群策群力,投大遗恨。则中国虽危,无难救挽。所谓"民为邦本,本固邦宁"也。

第三条为檀香山章程所无,其内容完全是当时正在盛行的维新改革措施,如"设报馆以开风气,立学校以育人才,兴大利以厚民生,除积弊以培国脉等事,皆当惟力是视,逐渐举行。以期上匡国家以臻隆治,下维黎庶以绝苟残,必使吾中国四百兆生民各得其所,方为满志"。

纵观香港兴中会章程各条内容，无论为檀香山章程已有而新章程详为增添者，或原章程无而新增者，其基本主旨与立场完全没有新的本质上的变化。

香港兴中会继承了檀香山兴中会的宗旨，建立了领导核心，制订了行动计划，参加者和联络者在同一个反清目标下统一行动，而且人数也从原来的几十人，发展到了百余人。

据统计，自1894年—1895年参加兴中会有姓名可考者共一百七十八人。其中商人九十六人，工人三十九人，农牧家等六人，医生、教员、报界、传教士等自由职业九人，公务员十人，水师官兵四人，学生两人，会党分子十二人。所有这些成员，79%是华侨。

有这样一批人团聚在兴中会组织中，为了同一目标与清王朝展开生死斗争，虽然他们中有的思想觉悟还不高，有的人组织观念还较薄弱，但从整体上说，一个不同于以维新改良为宗旨、以上书请愿为手段、以拥护光绪皇帝相号召的新的资产阶级政治派别诞生了。

兴中会是中国近代史上第一个资产阶级革命的小团体，它的成立发出了资产阶级民主革命的第一个信号，不仅标志着孙文的资产阶级民主革命思想的初步形成及其革命活动的正式开端，并且表明了中国资产阶级革命民主派在组织形成上的初步形成，意味着中国资产阶级民主革命运动的开始，从此以后，中国也就开始了正规的资产阶级民主革命时期。

兴中会的出现，是近代中国社会经济、政治发展的产物。

鸦片战争后，外国资本主义的入侵，一方面破坏了中国自给自足的自然经济基础，给资本主义造成了商品市场和劳力市场；另一方面又促进了城乡商品经济的活跃，使一部分人掌握了一定数量可以转化为资本的货币。这些就给中国资本主义生产的发展造成了某些客观条件和可能。

19世纪70年代，以广州、上海二地创办的企业为起点，中国民族资本主义近代工业开始缓慢地发展起来，到1894年，全国有名的民族资本主义企业达一百零七家，内容有资本可计者六十七家，共有资本六百二十八万多元。

它们主要是轻工业部门，包括纺织、缫丝、轧花、榨油、造纸、火柴、机器、制药等行业。尽管这些企业资金不足，规模较小，技术设备落后，但它却意味着一个进步阶级的产生和新的斗争的到来。随着民族资产阶级的初步发展，其政治力量也明显增长，孙文就是这个阶级的杰出政治代表。

在中国社会半殖民地化日益加深和民族危机日趋紧迫下，中国各阶层人民反抗外国侵略势力及其在中国的走狗的斗争也日益加剧，以孙文为代表所发动的资产阶级民主革命运动随之开始兴起，兴中会便是在这样的历史条件下由资产阶级革命分子所组成的革命团体。

在香港兴中会成立大会之后，孙文即为发动武装起义开始积极准备。

为了筹措起义经费，孙文想到向有良知的外国人寻求援助。为此，他找到老师康德黎博士，希望恩师能向他介绍几位外国友人。

康德黎向他介绍了日本商人梅屋庄吉的情况，说：

广州双门底王氏宗祠内的王氏书舍。1895年，孙中山在此设兴中会分会。

"你去找他吧，我对他经常说到你，他也早就想结识你了。相信他不会让你失望的。"

孙文很高兴，于是来到香港中环大马路28号梅屋照相馆，见到了梅屋庄吉。

孙文受到梅屋庄吉的热情接待，两人一见如故，谈论甚畅。当孙文言及准备起义缺少资金时，梅屋庄吉爽快答应：

"君若举兵，我以财政相助。"

他说到做到，很快筹集一笔资金，派人前往澳门、新加坡、厦门等地购置军械，用作义军装备。

梅屋庄吉不仅出钱，还亲自跟随孙文到广州建立起义秘密机关。

此后，梅屋庄吉成为孙文挚友，对孙文的革命斗争一直给予支持和资助。

首义失败

1895年4月17日，清军在中日甲午海战中遭到惨败，清朝政府派卖国贼李鸿章与日本签订了丧权割地的《马关条约》。

《马关条约》的内容包括：

承认朝鲜自主；割让辽东半岛和台湾、澎湖；赔偿军费二亿两白银；开放沙市、重庆、苏州、杭州四处为通商口岸；准许日本轮船在中国内河航行；准许日本在各通商口岸开设工厂。

这些条款都很苛刻，消息传来，举国震惊，民怨沸腾。

为了阻止签订《马关条约》，康有为和梁启超组织一千三百多名举人签名，给皇帝上书，史称"公车上书"，虽未见效，二人因此而扬名全国。

"公车上书"失败，《马关条约》的签订，更让孙文坚定了进行武装起义的决心。

孙文和陆皓东、陈少白、郑士良等人奔走于香港和广州之间，加紧准备起义的各项工作。

起义的准备工作主要分四个方面：

一是购运弹药枪支；

二是招募人员武力；

三是制造舆论宣传；

四是确定秘密地点。

根据分工,孙文主要负责起义的前线指挥,由郑士良、陆皓东、邓荫南和陈少白协助他。

而杨衢云主要负责后方接应和财政事务,由黄咏商、谢缵泰等人协助。

杨衢云亲自负责枪支弹药的购买和运送;并负责在香港招募三千名会党,作为起义的主力之一。

孙文原来让郑士良负责招募会党工作,当杨衢云负责香港的会党招募后,他让郑士良专门招募广州附近的会党(会党即清末以反清为宗旨的一些带有原始形式的民间秘密组织)。

孙文本人联络了北江、西江、汕头、香山、顺德一带的绿林,香港、顺德等地的会党,三元里的乡团和广州清军水师及防营。其中最为重要的有两股力量:

一是中日甲午战争后被清朝遣散的军队,约有两百人,这批人被招募加入了兴中会,由朱贵全统领,集中于九龙,成为杨衢云一路的主要武力。

二是汕头地区的部队,孙文把他们视为有别香港杨衢云一路的另一支起义主力。

孙文还从夏威夷请来了七名美国化学师,专门制造供战斗用的炸弹。

关于舆论宣传,孙文请自己的师长、香港知名人士何启亲自出马,并联系了香港《德臣西报》和《士蔑西报》。

何启还答应亲自为兴中会发动的广州起义起草宣言书。

关于确定秘密地点,省内总机关设在广州双门底王家祠云岗别墅,对外声称是开设农学会。

另外还在东门外咸虾栏张公馆及双门底圣教书楼后的礼拜堂等处设了分机关。

1895年8月27日,袭取广州的准备工作基本完成,设在香港士丹顿街13号的兴中会总部暂时关闭。

8月29日，兴中会领导人孙文、杨衢云、黄咏商、陈少白、谢缵泰，会同何启和《德臣西报》编辑黎德在杏花楼酒店召开秘密会议，着手考虑起义胜利后临时政府的建设问题。

由于兴中会会长理所当然要出任未来临时政府的总统，于是发生了孙文和杨衢云两派的争执。为了避免分裂，孙文做出让步，由杨衢云出任兴中会的会长。

起义时间定在了10月26日，正是阴历九月初九重阳节。

起义军的旗帜确定为陆皓东设计的"青天白日旗"。

关于起义军战斗方案，孙文开始提出"外起内应"的战术：百人左右的敢死队袭取广州，二十人进攻衙署，杀死府署官吏，使清军群龙无首；以二十人埋伏城中重要地点，阻击清军援兵；以二十到三十人围攻旗界，任务完成后分头放火，以扰乱秩序壮大声势。接应外面的起义军大举进攻，冲入城内。

然而，孙文的战术未被通过，许多人认为这计划太冒险，恐城内人少难以成功。改为"分道攻城"的方案。

重阳节清晨，在双门底王家祠云岗别墅的大厅里已经聚满了人，他们是起义军各路的首领。人们屏息静待，神情异常肃穆。

这几路起义军有的已经潜伏在其他秘密机关，有的已经在珠江船上待命。

只待一声令下就开始进攻了。

"当！当！……"

厅内立式座钟已经6时了。

可是孙文和杨衢云这两位总指挥还没露面。

人们有些等得不耐烦了，而且窃窃私语。

陈少白和陆皓东更是坐立不安，急得直冒汗。

"孙文干什么去了？他是总指挥，他怎么不在总指挥部？"

一个腰上插着双枪的大胡子男人突然以不满的口气问陈少白。

陈少白说："他去亲自接应香港来的人了。他不放心别人去。"

陆皓东附声说："大家别着急，香港方面的人一到，咱们立即行动！"

怎能不急？时间一分一秒地过去，整个大厅笼罩在一片焦躁不安的气氛中。

"当！当！……"

时钟刚打过8时，孙文急匆匆地大步走进大厅。他满头是汗，一脸焦急，对众人说："情况有变，待我们商议一下，再作决定。"

叫了陈少白和陆皓东进了里间屋。

"怎么回事？"一进屋，陆皓东就问孙文。

孙文晃了晃手中电报，说："杨衢云来电，货不能来，推迟两日。"

又说："你们看怎么办好？"

陈少白想了想，说："我们不能贸然行动，以免打草惊蛇。不如先解散，以图再举。"

陆皓东说："咱们人少枪少，就是干，也未必能成功。"

话音未落，郑士良一头闯进，把手里的电报递给孙文，说："汕头方面来电。"

孙文看过电报，对三人说："汕头方面的领导人说，官军戒备很紧，无法前来。"

投目陆皓东说：

"你速去给杨衢云打电报，货不要来，以待后命。"

说完，他回到大厅，站到一把椅子上，对众人说："已接到香港和汕头的电报，那两路义军因故暂不能来，而我们人少枪少，不可冒险举事，我决定暂缓发动。为了不暴露目标请大家分批撤回去，等待时机。大家务必保守机密。"

各路义军首领听完，便悄悄散去了。

虽然起义推迟，当天晚上起义军负责机要工作的朱淇的哥哥朱湘，害怕起义失败会使自己和家人受到连累，便跑到粤督署以弟弟朱淇的名义告密。

　　缉捕统带（侦缉队长）李家焯听到密告，知事情重大，立即来向两广总督谭钟麟报告。此前，香港英方和日本驻香港领事已探知起义军运购枪械动向，他们给谭钟麟打电报，提醒有人要造反，为首的人叫孙文。

　　但谭钟麟不相信，他认为孙文在广州创办农学会，是得到过李鸿章认可的，为人虽狂放不羁，却不至于造反。

1895年秋广州起义失败后，流亡异域的孙中山断发改装与郑士良、陈少白在日本合影。

　　等到李家焯向他报告，说孙文等人确实正密谋起义时，谭钟麟吓了一跳，忙说："快去，该抓的抓，该杀的杀！尤其不要跑了那个孙文！"

　　李家焯立即奉命行事，连夜调集大队清军包围了双门底王家祠云岗别墅，把陆皓东等五人逮捕。

　　其时正赶上孙文带陈少白和郑士良去了别的秘密分机关，才逃过一劫。

　　再说香港方面，杨衢云等人筹办之事并不顺利，以致延误。当接到孙文让陆皓东拍去的电报时，他们已把七箱军械秘密装上了船，怕重新卸下暴露，只好仍旧送往广州。没想到船一到广州港口，就被埋伏在那里的清军包围了，当场被捕四十余人，为首的是朱贵全和丘四。

　　孙文和陈少白、郑士良躲过搜捕，逃避到香港。

　　孙文到港当天，就听说陆皓东英勇就义，死时大义凛然，说："今事虽不成，此心甚慰。但我可杀，而继我起者不可尽杀。"

伦敦历险

　　孙文和陈少白、郑士良三人在香港并未久留，因港英当局与清政府勾结，宣布五年内禁止孙文登港入境。

　　三人便于11月2日晨搭日本货轮"广岛丸"东渡，远避日本。

　　与此同时，杨衢云、邓荫南和黄咏商等人也出逃避难。

　　广州起义失败，孙文在广东苦心经营的革命资本损失殆尽。

　　三人所乘货船在海上遇上风暴，一再拖延，十天后才抵达日本神户。

　　一上岸，就见当地日文报纸以醒目的字体登载"支那革命党首领孙逸仙"的消息。

　　陈少白笑了笑，说：

　　"我们称起义为造反，日本人却叫'革命'。"

　　孙文也笑了，说：

　　"好！好！从今以后，但言革命，不言造反。'革命'二字出于《易经》'汤武革命顺乎天而应乎人'一语，这与我们排满宗旨相符，也可被我们称用。"

　　从此，"革命"二字就为党人所沿用。

　　他们在神户没有熟人，次日便来到横滨，通过一个叫谭发的华侨结识了冯镜如和冯紫珊等人，在11月底组成了兴中会横滨分会，推举冯镜如为会长。

在横滨时，知中日和议已成，两国恢复了外交关系，担心日本政府把革命党人引渡给清政府，孙文三人决定分头行动。

孙文让陈少白暂留日本结交朝野友人；让郑士良返回香港收拾余众，静待时机，再图举事；他本人要离开日本到各地华侨中宣传革命。

1895年12月中旬，孙文在横滨剪去了辫子，脱下长袍，改穿西装，以示他与清朝彻底决裂，斗争到底的决心。

1896年1月，孙文只身来到檀香山。

这时，孙文的父亲早已病逝。姐妹均已嫁人，他母亲杨氏、妻子卢慕贞和儿子孙科、女儿孙瑗已迁居檀香山和孙眉住在一起。

孙文此次来檀香山主要是筹集旅费，难得与家人团聚一次。他向孙眉详细说了广州起义失败的经过。

孙眉鼓励他说：

"这么大的事情哪容易成功，你继续干下去吧，我会像以前一样支持你的。"

哥哥的安慰和鼓励让孙文很感动，也增加了孙文继续革命的勇气和信心。

在安排完檀香山兴中会军事训练等事宜后，孙文决定去美国进行革命活动。

动身的前一天，他在街上竟巧遇恩师康德黎博士。原来博士夫妇是休假归国途中在檀岛登岸观光的。

见到断发改装又留起小胡子的孙文，博士又惊又喜，留下自己在伦敦的地址，嘱孙文到伦敦一定去他家里欢聚。

1900年在伦敦的孙中山

孙文在美国三个月收获甚微，便于9月末真的来到了伦敦。

10月1日，孙文按康德黎博士留给他的地址，登门拜访恩师，受到恩师一家热情招待。

博士又派人在他家附近为孙文租定了旅馆，次日孙文移居新的旅馆。

孙文又拜访了香港西医书院第一任教务长孟生博士。在款待他的晚宴上，孟生博士提醒孙文哪里都可以去游览，只是不要靠近中国使馆，以免发生什么意外。

而孙文却未把孟生博士的警告放在心上，他自信已经断发改装，没人会认出他；也知道清朝驻英公使不会无视英国的法律逮捕他。

然而，他错了。

他在美国旧金山照过一次相，被复制的照片很快落到驻美清使馆手里。

随即清总理衙门电告驻亚、美、欧各国使馆密切注意孙文行踪，一旦发现可捕可杀。

他在美国活动期间一直处于被监视、跟踪之下。一来英国，驻英公使即接到驻美公使电告：孙文已经在9月23日，搭轮船去英，望密切注意。

驻英公使龚照瑗接到驻美公使密电，立即派英人、二等参赞马格里去英外交部试探，可否依照香港、缅甸引渡条款，协助缉拿孙文。

但英外交部答复说：香港、缅甸引渡条款不适用于英国本土。

这样，他们就无法在英国公开逮捕孙文。

龚心湛（龚照瑗的侄子）提议由马格里出面委托私人侦探社窥探孙文行踪，然后再做决定。

所以，孙文一到伦敦就被私人侦探监视了，换言之，他已经掉进了清使馆张开的大网里。

10月11日上午10时半，孙文离开旅馆想去康德黎家，他拐过一个路口时，一个中国人在身后赶上他，并用英语与他打招呼。

当听说孙文家在广东，那人自称是孙文的同乡。两个人边走边谈，孙文也未见疑。

走出没多远，又有两个人凑近他们，待行至一座楼房前面，凑近的两个人上前左右挟持住孙文，硬推拥他进了大门。

孙文还未明白过来，已被带入楼上一间小屋。挟持他的人不见了，守在小屋门口的是两个彪形大汉。

孙文不知道，他已被绑架到清使馆。

这时马格里来小屋见孙文，得意地笑着，说：

"孙逸仙先生，让你受惊了。请你原谅我们用这并不太礼貌的方式把你请来。"

孙文知道再否认也没用了，便说：

"你们这是绑架我！这是什么地方？"

马格里说：

"这里是清朝驻英使馆。你将在这里得到优待，直到把你送回你的国家去。"

孙文心头一震，脸上却不动声色，说：

"我要写信，让我的朋友把行李送来。"

马格里允许他写信，妄图从他行李里搜出有用的机密文件。

可马格里又不允许孙文在信中出现"清朝使馆"的字样，担心孙文会通知朋友营救他。

孙文也知道对方绝不会为他把信送出去，他们扣留自己，当然也怕英国知道。

再说龚照瑗见成功扣留了孙文，他一面令使馆四等秘书邓廷铿同武弁和英国仆人好自看守；一面与清总理衙门联系，准备包租轮船秘密押送孙文回国。

小屋成了孙文的囚室，从门逃不出去，窗子上有铁条更无法逃走。孙文知道唯一的办法是向外传递出消息，让康德黎博士想办法营救自己。

他开始试图把写好的纸条裹在硬币上，从窗口掷出，可是纸团太轻，有的落到邻舍的屋顶上，有的落在使馆墙内的地上。

终被人发现，致使小窗被钉死，再掷纸团不成。

莫非就这样等死吗？

孙文深知，被押送回国他九死一生，也可能等不到回国在海上就被杀了。

他甚至想到，清使馆押解他回国不成，会在使馆内秘密把他处死。

孙文开始打负责生火送饭和打扫房间的英仆的主意。

英仆共三个人，一个叫贺维太太，一个叫柯尔，另一个叫莫乃尔。

孙文认为莫乃尔狡狯不可信，而贺维太太对他不理不睬，他只好利用这个看上去挺老实的柯尔。

于是，他写了求救字条让柯尔帮他送给康德黎博士，并给了柯尔一些钱。

没想到柯尔把钱留下，把字条给了马格里。

只因马格里这样吩咐过三个英仆，并告诉三个英仆孙文是个"很坏的人"，是个"杀人不眨眼的强盗"。

时间一天天过去。清使馆已经用七千英镑雇订一艘二千余吨的轮船，只等清总理衙门的复电了。

10月16日，清总理衙门复电：购商船把孙文押解回广东是上策，完全可行。七千英镑不足惜，可在汇丰银行暂拨，本署再与划扣。只是在孙文上船时要戴镣铐，看管押解更应谨慎。待你们准备好，再来电告知，以便本署通知广东方面接应。

孙文不知道自己厄运临头。

但久不见动静，又见柯尔神色有异，孙文立即想到他可能被柯尔骗了。

又想到狡猾的邓廷铿从他这里骗去了他亲笔写的信，他心中更加不安。

这天，柯尔照例入囚室送食物。

孙文突然对柯尔说：

"你出卖了我！"

柯尔一怔，旋即脸色通红。

孙文更加相信自己的判断，又说：

"但我不怪你，你有顾虑是可以理解的。"

柯尔通过这几天的观察，也逐渐改变了对孙文的看法，觉得这个中国人并不像马格里说的那么坏。

他就问：

"你到底是个什么人？"

孙文平静地说：

"我绝不是他们说的那样的坏人。我是一个基督教徒，我要改革我的国家而受到中国皇帝的仇视，他们要杀害我。就像当年土耳其苏丹国王大量屠杀信仰基督教的亚美尼亚人一样。"

柯尔显然被孙文说动了，问：

"你相信英国政府会帮助你吗？"

孙文坚定地回答：

"一定会。他们囚禁我，或者要把我押送回国都是违背英国法律的。不然，他们怎么害怕让外面知道我在这里呢！"

顿了顿，又说：

"我的生死就在你的身上，你帮助我，我的生命就能保存。"

柯尔却默默地走出了囚室。

孙文心头涌上了一丝绝望。

原来，事情重大，柯尔一时拿不定主意，他去问贺维太太应不应该帮孙文。

贺维太太说：

"去帮他吧，看在上帝的份上。我也看出来了，他不是一个强盗。"

她不仅鼓励柯尔帮助孙文，见情势危急，还亲自为孙文向康德黎博士送去了一封求救信。

康德黎在接到贺维太太和柯尔送来的信后，立即找到孟生博士一同展开营救工作。

他们又找外交部，又找警察局，又求助报纸呼吁，还雇私人侦探监视清使馆，终于使孙文在10月23日获释。

惠州起义

由于英国报纸的广泛宣传，孙文已是名声远播。他脱险后又根据这段亲身经历写了一本叫《伦敦被难记》的书，使他几乎成了全世界无所不知的人物。

清廷要置孙文于死地，反而提高了他的声望。

孙文是1897年7月1日离开伦敦的，在此居留期间他主要是去大英博物馆读书，间或考察英国社会和结交外国革命家。

正是在此期间，他的三民主义思想体系已具雏形。

离开伦敦后，孙文先去加拿大的几个地方宣传革命，8月16日到达日本横滨。

他直接去见陈少白。因为陈少白已从报上获悉他伦敦被压这件事，这次重聚更感亲切。

陈少白决定去台湾考察和发展革命势力，留孙文在日本从事革命活动，于是匆匆相见后两人又分手了。

孙文在横滨经陈少白介绍认识了宫崎寅藏，宫崎寅藏把他最敬佩的前辈民党领袖犬养毅介绍给孙文。

不久，孙文赶来东京，犬养毅让平山周去迎接他，并安排住店。

他们来到日比谷公园附近的中山侯爵府邸前的一家旅店，店主人拿出登记簿让孙文签名。平山周随手写了"中山"两个字，孙文又在这两个字后加了一个"樵"字，变成"中山樵"。

这是他在日本用过的化名，后来演变成"孙中山"。

孙中山这次在日本居留了大约三年，这期间除了继续宣传革命，发展组织外，便广交日本朝野人士，其中有政界要人、财界人物、陆海军将领、外务省官员、大陆浪人、知识界人物等等，所有人中堪称挚友的只有宫崎寅藏、萱野长知，还有以前在香港结识的梅屋庄吉。

在此期间，有两件事值得一提：

第一件事是与康有为、梁启超谈合作救国。

康、梁发动了"公车上书"后，很快登上政治舞台。1898年6月至9月，以康、梁为首的改良派实行"百日维新"，但在西太后为代表的封建守旧势力反击下，"百日维新"引发"戊戌政变"；光绪皇帝被囚，谭嗣同等六人被杀，康、梁逃往日本。

在日本友人的撮合下，孙中山与康、梁进行过多次谈判，希望能共谋一条救国之路。但康、梁根本瞧不起孙中山，而且保皇立场坚定；孙中山又不肯放弃自己的革命主张，怎么谈也谈不到一起去，只好各干各的。

第二件事是援助菲律宾独立运动。

菲律宾原来是西班牙的殖民地，1897年11月阿奎那多宣布菲律宾独立，成立菲律宾临时共和国，并出任第一届总统。12月，阿奎那多在西班牙的施压下妥协，订立了《边那巴多条约》。

条约规定：阿奎那多政府停止战斗；西班牙允诺民族平等，进行社会改革，保护人身自由，并付给阿奎那多八十万比索。

条约签订后，阿奎那多解散共和国政府，流亡香港。

然而，西班牙并未履行诺言，菲律宾人民也没放下武器。阿奎那多在香港成立了"爱国委员会"，并重新取得了革命运动的领导权。

1898年4月，美国和西班牙为瓜分殖民地而爆发战争。菲律宾革命军乘此机会向西班牙殖民军发起进攻。阿奎那多得到美国的支持，带领追随者离港回菲，在6月又发表了独立宣言。

为了打好独立战争，阿奎那多让部下彭西去香港找他们的朋友梅屋庄吉，让梅屋庄吉帮助购买军火。

梅屋庄吉便把彭西引荐给在日本的孙中山，因他知道孙中山一贯主张亚洲各国的革命应互相呼应、互相推动，也应互相援助。

孙中山见到彭西，对其求助一口答应。他的用意是先助菲律宾的阿奎那多政府打胜，而后借助菲律宾武装一举攻陷广东，再挥师北上，掀起全国革命风暴。

孙中山便委托宫崎寅藏向民党领袖犬养毅求助。犬养毅指令中村负责为他们购买军械。

中村以一个德国人的名字做买主，从日本机械包商大仓会社购买了步枪一万枝，子弹五百万发，旧式山炮一门和机关枪十一挺。

孙中山为运出这批军火，买下了一艘旧船，派日本兴中会的会员二人押运前往菲律宾。

可是天不作美，船在海上遭台风袭击沉没了，船上人全部遇难。

中村见孙中山等人甚为沮丧，答应第二次帮助购买。可是军火买到手，日本政府却禁止军火用船运出口，此事就这样拖了下来。

再说孙中山一面联系帮着购买军火，一面组织兴中会成员组成革命军要赴菲助战。

菲律宾方面得知孙中山要率革命军入菲助战，赠给孙中山日金十万元作为经费。

然而，没等孙中山组织起大队革命军入菲，菲独立军因军械缺乏已经告败，彭西来信让孙中山暂不带人入菲。

孙中山遂决定把菲赠送的十万日金用作兴中会开展革命活动之用。正是这笔款子为惠州起义帮了大忙。

1900年春夏之交，北方义和团运动迅速发展。春天义和团摆脱山东巡抚袁世凯的镇压，向直隶转移；5月，击溃前来堵截的清军杨福同部，在北京、天津地区义和团的遥相呼应下，进入直隶的山东义和团所向披靡杀进北京。

在此形势下，孙中山决定发动惠州起义。

孙中山派郑士良入惠州，召集武力，以谋举义，又命史坚如去广州，召集同党，以谋响应，意图是惠州先发动，广州响应，然后会集广州，一举成功。

正在孙中山紧张筹备惠州起义时，陈少白从香港来信，告知孙中山，香港总督卜力和何启有意拉拢孙中山与两广总督李鸿章合作，搞两广独立，成立联合政府，并就此事征询孙中山的意见。

孙中山知道不管与李鸿章谈判与否，为了惠州起义的事，他也得去香港。

于是，在1900年6月11日，孙中山带郑士良、杨衢云从横滨乘船去香港，船经神户，宫崎寅藏、清藤幸七郎、内田良平三个日本友人上船同往香港。

6月17日，轮船抵港，李鸿章派炮艇来接孙中山去议事。孙中山派宫崎寅藏等人为代表先去见李鸿章，以探虚实。他和杨衢云，郑士良以及香港赶来的兴中会成员在船上举行会议，研究部署惠州起义的准备工作。

在这次会上做出决定：

一、由郑士良率黄福、黄耀庭、黄江喜等赴惠州，准备发动起义。

二、命史坚如、邓荫南赴广州，组织起事及暗杀机关，待惠州义军攻来，在城内举事接应。

三、命杨衢云、陈少白、李纪堂在香港接济军饷军械，日本诸友人留港相助。

会后，孙中山乘船去越南，因为他被禁不能入港，将在越南候听宫崎寅藏等人见李鸿章的情况，然后决定下步行动。

6月21日，孙中山到了西贡。他当天就给李鸿章的幕僚刘学询去电报，询问谈判情况。

第二天，又给平山周写信，了解起义准备进展。

再说宫崎寅藏等人与刘学询谈判，他首先提出，为保障孙中山生命安全，及表示对方合作之诚意，对方要借给他们六万元作为合作条件。

刘学询请示李鸿章后，答应先付款三万。

宫崎寅藏等人带了钱，离广州到香港，并电告孙中山。然后如约到新加坡与孙中山会合。

就在孙中山准备与李鸿章面对面谈判时，李鸿章这边却改变了主意。

李鸿章与孙中山欲谋两广独立，是迫于英国的压力。因为义和团的迅猛发展，已经危及到了帝国主义的侵华利益，英国为保全在扬子江流域的权益，策动"东南互保"，成立两广独立的联合政府，可以抵挡对抗义和团，还可以排斥法国染指。

可就在这时候，国内形势发生了急遽变化。义和团和八国联军在京城大战，西太后见义和团难以打跑八国联军，就改变态度，决定对外与八国联军求和，对内"变抚为剿"消灭义和团。

于是，西太后下诏调李鸿章回京，封他为直隶总督，全权负责对外求和事宜。

李鸿章兴高采烈地带随员北上，去完成他一生中最后一次卖国勾当。

就这样，英国策动的孙、李谋两广独立建组联合政府之事也就不了了之。

与李鸿章合作的事破灭，孙中山加紧了起义的准备工作。

7月16日，他和宫崎寅藏等人乘船经西贡到香港海面，以船为大本营召开军事会议。

会议决定：

一、惠州起义由郑士良全权指挥；

二、福本诚（日本人）在香港主持起义筹备工作；

三、陈少白、杨衢云等负责饷械接济；

四、毕永年再赴长江流域联络会党；

五、孙中山先回日本购置军火，运抵台湾，待起义发动时设法潜入内地亲自指挥；

六、惠州起义地点选定在归善县三洲田。

起义计划是：

三洲田起义后，郑士良率义军向西北方挺进，会合新安、虎门一带由江公喜率领的三千多绿林军，杀奔广州。

广州方面史坚如率部响应，牵制省城清军不能援助惠州。此间，孙中山由台湾内渡，亲临指挥。而军火方面则由台湾通过海运接济。

会后，各路人手分头行动。

孙中山先回到东京，得知随李鸿章赴京的刘学询留在上海，他便从东京赶到上海。一则想与刘学询会晤；二则为起义筹集经费。可这两件事都未达到预期目的，遂又重返日本，在神户、大阪等地为起义购置军械。

9月28日，孙中山经神户来到台湾基隆。

到基隆后，孙中山得到日本驻台湾总督的支持，立即建立了指挥起义中心。

台湾总督向孙中山表明日本政府态度，说：

"你们支那北方已陷入无政府状态，大清朝廷支撑不了多久了，我国决定与支那南方政府亲善，所以，你们革命党不可在这时候攻占广州。"

孙中山知道日本政府要用政治手段把南方变成自己的势力范围，所以才怕他夺取南方。可又不好违背日本政府的意图，只好决定起义军先不进攻广州，而占领沿海一带地点，多集党众，俟机而动。这样一来就得重新调动和部署，所以就拖延了时机。

而惠州方面起义军已经做好准备，郑士良等得不耐烦了，怕人众暴露，又恐日久粮食不够吃。他电催孙中山速接济饷械。

孙中山回电说筹备未完，可暂解散，待筹备好了再行召集。

郑士良接到孙中山复电，和手下将领商议，黄福主张清军不可怕，虽枪械不足也可与战，况且人员召集不易，如此解散士气也受挫。

郑士良于是决定仍按计划起义，立即致电孙中山：

"当率兵向沿海岸东去，仍请设法运械至平海及海陆丰一带，以便接收。"

按起义计划，郑士良本该率队向西，以便与新安、虎门一带的绿林军会合,可他们却杀向东面,只为获得海上枪械。

如此改变路线也没有错,因为孙中山已下令先不攻打广州。是与绿林军会合,还是先获枪械装备,郑士良当然会选择后者。

孙中山的指令来到,清军已经调兵进驻沙湾,有攻取三洲田之势。黄福率队先发制人,于10月6日袭击沙湾清军。此战获胜,击毙清军四十多人,俘虏三十多人。清军余众溃退而去。

义军占领沙湾次日,郑士良从香港归来,带回孙中山让义军向厦门挺进的电令。于是大队义军拔寨东行,途中扩军到数千人。

10月16日,义军大队在镇隆与拦阻清军交锋,获胜,欲攻占博罗遇挫,改为攻占永湖。17日从永湖出发,与清军五六千人大队遭遇,义军人多枪少,与之苦战死拼,终又获胜,次日攻占崩冈墟。

21日,到达三多祝,又有群众投军,使义军扩大到约二万人。在此整编队伍,等候枪弹支援。

22日,突然有几个日本人来到军营,其中一个叫山田良政的,把孙中山手令交给郑士良。

郑士良展示手令:

"情势突生变化,外援难期,既至厦门,亦恐徒劳。军中之事,由司令官自行决止。"

看完手令,郑士良惊呆了。

孙中山为何下发这样的手令?

直接原因是孙中山获知从日本准备运来的军火全都是不能使用的报废枪弹。这批军火正是他托中村第二次为菲律宾购买的那批,他和彭西说妥暂借使用。让宫崎在日本海运到厦门,可宫崎去提货时发现所购军火全是一堆破铜烂铁,立即电告孙中山。

还有一个原因,那就是在孙中山接到宫崎的电报后,又获悉日本内阁变动,新内阁政府禁止台湾总督协助中国革命党,又禁止武器出口及日本武官投效中国革命军。

后人分析,还有一个原因,就是孙中山识破了日本人的圈套:

　　原来孙中山电令义军向厦门挺进，为的是获得日本方面的援助，此前他受到台湾总督及所属民政长官怂恿，让义军去厦门抢劫台湾银行厦门分行，而日本人会睁一只眼闭一只眼，保证不追究这起抢劫事件。

　　孙中山急需得到军饷，当时就电令郑士良率部挺进厦门。

　　可他也许想到如果义军真的抢劫了那里的金库，日本将借口保护，出兵占领福建，以实现他们瓜分中国的目的。

　　再说郑士良接到孙中山的手令，立即召集各队首领开会讨论何去何从，议来议去，终于决定大军解散，郑士良亲率千余人分水陆两路返回三洲田。

　　在三洲田，余部又解散，郑士良与黄福、黄耀庭诸人先后到香港，又到海外躲避。

　　广州方面原来为减轻惠州方面的压力，想提前举事，可因缺乏枪弹只好推迟。获悉惠州起义后，改变计划，决定先炸死两广总督德寿，已解惠州之危。

　　结果，把地道挖进督署，送进炸药，引爆炸药后，德寿却侥幸未受伤。

　　史坚如全权负责爆炸之事，他不相信会没炸死德寿，不顾别人劝阻，亲自去现场察看，不幸被叛徒认出，被捕下狱。史坚如在狱中受尽酷刑，坚贞不屈，11月9日，英勇就义，仅二十三岁。孙中山此前已失去爱将陆皓东，这次又失去文武双全的史坚如，甚为痛惜。

　　那个为孙中山传递手令的日本人山田良政，在随队撤退时掉队后迷路，被清军抓住处决了。他是日本义士为中国革命捐躯的第一人。

　　至此，惠州起义又告失败。

笔战保皇派

惠州起义失败后，兴中会的革命活动又陷入低谷。香港兴中会人员解散，只有陈少白主持的兴中会机关报《中国日报》一块宣传阵地在苦苦支撑；横滨兴中会、檀香山兴中会都受保皇派思想影响，对革命失去热情；南非兴中会毫无作为；台湾兴中会也变成死水一潭。

1901年，孙中山两个得力助手杨衢云和郑士良又相继遇害：杨衢云1901年1月10日被清政府刺客陈林刺伤，次日死于医院；郑士良同年8月奉命到香港从事革命活动，在一次友人请宴后暴死回寓所途中，人们怀疑是清政府派人在食物中下毒所害。

孙中山在惠州起义失败后的一段时间，曾埋头研究军事，他搜集了许多有关军事的著作，还有制造炸药和发射管的技术方法等书籍。

他特别重视对太平天国战争的研究，搜寻和研究了几乎所有能看到的有关太平天国战争的中外文资料。

就在孙中山苦心研究军事时，保皇派和革命派争人、抢地盘由幕后变成了公开，孙中山再也不能等闲视之，他决定予以坚决的回击。

可以说，在1900年之前，孙中山对康有为、梁启超为首的改良派并无敌意，认为无论改良还是革命，都出于一个目的，就是为了让国家富强，不受外敌欺辱。

尽管对改良派多次谈判未果，孙中山还认为应该各干各的。可是，1900年之后，改良派摇身一变，成了保皇派，开始与革命派推倒清王朝的主张唱对台戏。

梁启超在1901年公然以"名为保皇，实则革命"的幌子迷惑人心，夺取了兴中会在檀香山的地盘——而他去檀香山之初，正是通过孙中山的介绍。

横滨兴中会自会长冯镜如以下的会员，已受保皇派影响改信保皇派的学说。

也就是说，保皇派不仅在舆论上公然与革命派唱反调，而且在组织上挖革命派的墙脚。这对本来陷入低谷的革命派无疑雪上加霜。

这样，孙中山一面授意香港的陈少白，让他在《中国日报》上回击保皇派；一面亲自出马奔赴檀香山，要把被保皇派夺去的这块"革命根据地"夺回来。

1903年10月，孙中山从越南回横滨，转赴檀香山四大岛之一的百衣。

自从1896年离开檀香山，已有七年，此次归来，所见所闻，让他大出意外。

檀香山各埠兴中会会员在梁启超"名为保皇，实则革命"的蛊惑下，思想上模糊了革命与保皇的区别，奉行君主立宪主义；组织上兴中会已沦为保皇派附庸，有的会员改投到保皇派门下。

严峻的现实让孙中山猛醒：他只注重组织起义，而忽略了组织的巩固和革命舆论的宣传，以致让保皇派在背后钻了空子。

孙中山经过一段时间的明察暗访，终于心里有数了。

12月13日，他应兴中会骨干李昌、何宽邀请，出席在檀香山正埠两个戏院举行的欢迎会。

在这两个欢迎会上，他分别做了演说，开始反击保皇论调，宣传革命主张，教育华侨斗争。

他还针对保皇派提倡的君主立宪进行批驳，说：

"观于昏昧之清朝，断难行其君主立宪政体，故非实行革命、建立共和国家不可也。

"有人说我们需要君主立宪政体，这是不可能的。没有理由说我们不能建立共和制度。

"中国各大行省有如美利坚合众国诸州，我们所需要的是一位治理众人之事的总统。

"革命成功之日，效法美国选举总统，废除专制，实行共和……"

孙中山的演说在华侨中引起了热烈反响，也引来了保皇派的攻击。

梁启超授意保皇派在檀香山的机关报《新中国报》副主笔陈仪侃充当枪手，在该报上诽谤孙中山，甚至诋毁孙中山的名誉，想以此阻挠孙中山的革命宣传活动，抵消他在华侨中的影响。

孙中山决定予以针锋相对的反击。他首先改组了檀香山正埠一份经营不佳的《檀山新报》，从香港调来《中国日报》记者陈诗仲为主笔，在《中国日报》之外，又开辟了一方革命宣传阵地。

然后，他亲自撰文在《檀山新报》上发表，与保皇派的《新中国报》展开笔战。

1901年，孙中山在檀香山与兴中会会员合影。

针对华侨深受保皇派"名为保皇，实则革命"的欺骗，孙中山首先写了《敬告同乡书》一文。

在文章中揭露了梁启超"借名保皇而行革命"的欺骗性。指出在康有为写的《最近政见书》里，"劝南北美洲华商不可行革命，不可谈革命，不可思革命，只可死心塌地以图保皇立宪，而延长满洲人之国命，梁启超是康有为得意门生，怎会真言革命呢？"

文章指出："革命与保皇理不相容，势不两立，可梁启超却一人持二说，那么只能得出这样的结论：他所说的革命若是真的，则保皇之说就是假的；若他所说保皇是真的，则革命之说就是假的。"

这篇《敬告同乡书》极具说服力，发表之后使不少华侨认清了康、梁保皇真面目，那些误投保皇派门下的人，纷纷登报声明脱离保皇派。

保皇派不肯罢休，枪手陈议侃在12月29日的《新中国报》上发表了《敬告保皇会同志书》进行反扑。

对此，孙中山于1904年1月在《檀山新报》上发表了《驳保皇派书》，针锋相对，逐条批驳。

其后，又发表了《致公堂重订新章程要义》一文。

他同时还没忘了在华侨中进行演讲，面对面进行革命宣传，批判保皇派。

经过口诛笔伐，保皇派在檀香山的流毒思想已肃清，孙中山又对檀香山兴中会进行了整顿，巩固了这块革命根据地。

1904年3月31日，孙中山离开檀香山做美洲大陆之行。

与"笔战"相比，孙中山更看重"枪战"，他还要为新的起义筹集经费。他知道，笔杆子推不翻清王朝。

孙中山在檀香山与保皇派笔战告一段落，而《中国日报》与保皇派的《商报》在香港笔战正酣。

陈少白以一当十，奋笔疾书，连续写了十多篇文章驳斥对方，终获小胜。

保皇派笔战接连失利，梁启超不得不披挂上阵，冲到前线，亲自在

《新民丛报》上倡言保皇，终于引发了第二次革命与保皇大论战。

1905年8月20日成立了以孙中山为首的中国同盟会，同年11月26日，《民报》在孙中山指导下创刊。

《民报》的创刊主要是针对保皇派的《新民丛报》。

在《民报》创刊词中，孙中山明确提出了"民族、民权、民生"三大主义。他的"三民主义"思想成了革命党人与梁启超论战最有力的理论武器。

由于这时已成立了中国同盟会，孙中山属下人才济济，他把主要精力放在筹备新起义上。

这次与梁启超笔战的有朱执信、胡汉民、陈天华、汪精卫、冯自由、汪东、章太炎、黄侃、刘师培等人。

梁启超却是光杆司令，以《新民丛报》为战场，右冲左突，撰文百万字之多。

革命派诸将人人争先，纷纷作文，锐气十足，所写文字实超百万。

这场大论战终在1907年8月《新民丛报》停刊而告结束。论战结果，双方各执一词。

胡汉民说：

"交战结果，为民报全胜，梁弃甲曳兵，新民丛报停版，保皇之旗，遂不复见于留学界。"

梁启超却写信告诉他的老师康有为：

"革命党之势力，在东京既已销声匿迹，民报社各人相互噬啮，团体全散，至于并报而不能出，全学界人亦无复为彼所蛊惑者。

"盖自去年新民丛报与彼血战，前后殆将百万言，复有中国新报，大同报助我张目，故其势全熄，孙文亦被逐出境，今巢穴已破，吾党全收肃清克复之功，自今已往，决不复能为患矣。"

双方都说自己获胜：胡汉民有些夸大，因为《新民丛报》停刊与上海分店失火也有关系，但保皇派在留学界已失旗帜却是事实；而梁启超完全是在谎报战果，欺骗康有为。

孙中山是离日赴越，却不是"被逐出境"，而是为起义筹集经费。

所以，这次论战是保皇派失败了。从战略上讲，梁启超是败在对方主帅孙中山的手里。

与康有为决裂

从现存史料看，孙中山与康有为合作谈判似有两个阶段。

第一阶段自康有为和梁启超抵日不久起，到1899年初康有为离日赴加拿大止。

第二阶段自1899年春起，到1900年7月唐才常自立军起义失败止。

前一阶段谈判因康有为坚持保皇立场而未取得任何进展；后一阶段主要谈判对手梁启超一度有联合愿望和合作表现，曾使谈判出现过转机，但因维新派私心膨胀、手段狡猾，终于使两派关系破裂。

第一阶段谈判，根据当事人陈少白及熟悉兴中会掌故的冯自由所记，可以厘定的具体会谈次数只有三次：

首次是由犬养毅撮合，约孙、陈、康、梁同赴犬养在早稻田寓所进行，但康有为推故不来，仅孙中山、陈少白和梁启超三人，由犬养毅作陪。内容"不外陈说合作之利，彼此宜相助，勿相扼"之类，会谈直至天亮结束。由于梁无法全权决定，表示要"回去同康有为商量，再来答复"，所以会谈没有结果。

第二次是在首次会谈的两天以后，革命派方面以主动拜访的形式，在康有为寓所进行的。

陈少白作为孙中山的代表，约平山周同往，康有为、梁启超都参加，此外还有徐勤、王照、梁铁君在座，共七人。内容主要围绕是否应该保皇。

陈少白反复陈说：

"今日局面，非革命国家必无生机，望贵派不以私而忘公，不以人而忘国，放弃保皇，改弦易辙"。

康有为则强调：

"今上圣明，必有复辟之一日。余受恩深重，无论如何不能忘记，唯有鞠躬尽瘁，力谋起兵勤王，脱其禁锢瀛台之厄，其他非余所知，只知冬裘夏葛而已。"

双方谈了约三个小时，由于各自立场不同而未获结果。

这次会谈中出现了一个具有戏剧性的情节，即与康有为同往日本的王照，忽然揭发日本政府压制他的自由，而被康斥退。陈少白记此事称：

> 我们一共七个人围着一张大圆桌坐下，还没有讲到什么问题，王照——是坐在我的左边——就对我说："请你先生评评理，我们住在这里，言语举动，不能自由，甚至来往的信，也要由他们检查过，这种情形实在受不惯。"语还未了，康有为觉得不妙，就愤愤地对梁铁君说："你给我领他到外边去，不要在这里啰嗦吧"，梁铁君起来，拉着王照出去，我们就彼此纵谈。

陈少白这段记述，把康有为固执专横，压制言论的性格生动地表现出来。孙、康合作的不能成功，除双方宗旨不同外，实在也和康有为的这种性格大有关系。

第三次，欧榘甲代表康有为到宫崎寅藏寓居的小客栈"对阳馆"，约孙中山、陈少白商谈，讨论许久，仍没结果。因为欧榘甲对任何事都无权做主，"总说要回去请教康先生再定。"

资料所记，就是这些。当然绝不止于三次。因为从陈少白所述中可以隐约看出，革命派一定单独与梁启超有过接触。

《兴中会革命史要》称：

"当时我们也曾问过梁启超。合作之后，如何对待康有为？"

他说：

"唯有请康先生闭门著书，由我们出来做去，他要是不答应，只好听他，我们也顾不了许多了。"

梁若果真说过这种话，以他与康的关系，必不会在其他师弟兄到场的情况下公然倡言。

所以，第一阶段的会谈，很可能两方面有过私下接触的机会，谈得更加深入具体而无所顾忌。

值得注意的是，当康有为多次与孙中山、陈少白接触，以不放弃保皇主张而使会谈陷于僵局时，他却与兴中会的谢缵泰在作私下函商。1898年3月11日，杨衢云从南非抵达香港，谢缵泰向他面告了与康广仁秘密晤谈的情况。杨听后立即去日本会见孙中山。杨是否把康、谢谈判的内情告诉过孙，史无明文，但他却向在香港的谢瓒泰通报了孙、康合作谈判的情况。

1898年12月9日，杨致函谢称：

革命党与维新党的合作取得成效，但由于"自私和妒忌"，两党的联合可能有困难。谢得信后即于12月24日写信给在日本的康有为，劝康应该合作，"并介绍杨衢云与之接洽"。

1899年1月9日，康有为自日本回信给谢缵泰，表示同意谢提出的合作要求。

这证明康、谢之间的感情联系较之康、孙之间要深得多。这早在1897年9月康广仁与谢缵泰在香港公园长时间密谈中已有所透露。

康广仁说：

"像孙逸仙那样的一些人使我惊骇，他们要毁坏一切。我们不能同这样轻率的鲁莽的人联合。但我看杨衢云是一个好人。"

康广仁的这种看法，当然不能只是个人的私见，实际上是以康有为为首的维新派，企图在兴中会内部寻找适合自己需要的支持者的反映。他们看中的不是孙中山一派，而是社会地位较高，与香港中上层接触多的杨、谢等人。

1899年初，康有为在日本受到冷遇后，离开日本去加拿大，两派第一阶段合作谈判因此结束。

康受冷遇原因有两点：

一是日本内阁发生变动。

1898年11月，宪政党和进步党分裂，大隈内阁解散，山县有明组阁。山县内阁对华政策与大隈不同，因此对被清政府通缉的康有为十分冷淡；二是王照在日本揭发康有为伪造光绪密诏，"由此康作伪之真相尽为日人所知"，使得"以前待康先生以上宾"的日本政界人士，对他的为人逐渐感到厌腻而疏远了。在此情况下，日本政府乘机以资助旅费九千元的形式，让康有为离境去加拿大。

通观第一阶段谈判，革命派方面确有合作的真诚愿望，态度也较主动积极，但同时抱定革命反清宗旨，并不因争取维新派合作而有所退让。通过谈判，孙、陈等对康有为保皇的心态有了进一步了解。意识到康有为尽管原来有过同情革命的表现，但随着他进京参与新政，知遇于光绪帝之后，忠于君上之心志已无可改易，与他谈合作事实已不可能，于是，转而把希望寄托于梁启超了。

维新派方面，自政变以来，康门弟子中不少人因境遇困厄而志气颇多颓丧，对与革命派合作一事，内部分为两种意见。

一种是附和乃师康有为主张，采取不合作态度，如徐勤者流；一种则认为合作是顺天应人，但因格于康有为的师道尊严，不敢公开倡言，如梁启超等人。两种不同意见虽不能说康门弟子已经有所分化，但却显示着一种新的策略的趋向开始在维新派中出现，即拓展视野，因时制宜，把握机遇，谋求进取。梁启超正是这种新策略的代表人物。

他在维新派艰难竭蹶之中，表现出不同于乃师的灵活机智，随时应变的识见与才具。

第二阶段的合作谈判紧接着康有为离日开始，由梁启超代表维新派。这一阶段的会谈不仅是桌面上的磋商，而且有实际行动上的联合，其经过远较第一阶段曲折复杂。

梁启超因乃师离去而暂脱羁绊，在和革命派的接触中显得异常活跃，手段不凡。他先是和杨、谢一派保持联系。

1899年3月28日，他致函谢缵泰，告知康有为已离日赴美，并表示他同意谢提出的合作意见。这一态度虽与康有为在日时相一致，但因为梁启超早已与陈少白等有过合作谈判的私下表态，所以康有为只同意与杨、谢合作，在内涵上要宽泛得多。

经过三个多月的了解，梁启超终于弄清了杨虽为会长但在兴中会中实际上没有什么力量，便逐渐把注意力由杨派转移到孙派。

6月6日，梁启超在冯镜如介绍下与杨衢云单独会见于文经书店，"事后杨驰函告谢，谓梁不愿早事联合，只言各宜先向自党运动，以待时机"，实际上是梁中止了以杨为谈判对手的接触。

自此，梁与孙派往来密切。表现出极愿与兴中会合作的意向。其同学韩文举、欧榘甲、张智若、梁子刚等主张尤为激烈。

约在这年夏秋间，梁启超致书孙中山表白自己对合作一事的态度：

　　　　捧读来示，欣悉一切。弟自问前者狭隘之见，不免有之，若盈满则未有也。至于办事宗旨，弟数年来，至今未尝稍变，唯务求国之独立而已；若其方略，则随时变通，但可以救我国民者，则倾心助之，初无成心也。与君虽相见数次，究未能各倾肺腑，今约会晤，甚善甚善。唯弟现寓狭隘，室中前后左右

皆学生，不便畅谈。若枉驾，祈于下礼拜三日下午三点钟到上野精养轩小酌叙谈为盼。此请大安。弟名心叩。十八。

这是现存孙、康谈判过程中梁启超致孙中山的一件重要信函。可能是孙中山在约梁启超会谈信中，曾对梁或维新派在合作谈判中的态度有所微词，对坚持保皇不求变通表示不解，所以梁在接受约请时写了这封回信。

这封回信值得注意之处有三点：

一是梁启超坦率地承认了以往合作谈判中他（或维新派）确有"狭隘之见"。所谓狭隘之见主要是派别利益在作祟，这就意味着梁启超将在自我反省中以新的姿态与对方商谈合作问题；

二是梁申明自己的宗旨在唯求国家独立。联系到第一阶段会谈中因双方各自在保皇和革命宗旨上坚持而形成僵局的事实，梁在信中以国家独立为宗旨的说法，至少是避开容易形成死结的危险区，体现了求大同的意向，这是他不同于康有为固执保皇的高明处；

三是明确宣布在宗旨不变的前提下，办事方略可随时变通。从维新派以往的政治斗争看，他们的策略是说动公卿、自上而下的变革，手段温和，方法和平。梁宣布方略可随时变通，无疑使革命派加深了对梁的好感，认为他将倾向革命而对之寄予期望。

孙梁之间在约定的会谈中谈了些什么具体内容，史无明文，但从后来发生的史实看，不外乎双方捐弃前嫌，在救国目标下联合起来之类的话题，其中很可能就双方合作的具体问题进行了讨论，所以冯自由在《中华民国开国前革命史》中记孙、梁携手之经过称：

康有为离日赴美后，己亥夏秋间，梁启超因与中山往来日密，渐赞成革命，其同学韩文举、欧榘甲、张智若、梁子刚等主张尤形激烈。于是有孙康两派合并之计划，拟推中山为会长，而梁副之。梁诘中山曰：如此则将置康先生于何地？中山曰：弟子为会长，为之师者其地位岂不更尊？梁悦服。

文中关于康有为的一段孙梁对话，迹近哄骗小儿，不足为据，但两党合并之计划，言之凿凿，似不可作伪。梁并作书致康有为，内有：

> 国事败坏至此，非庶政公开，改造共和政体，不能挽救危局。今上贤明，举国共悉，将来革命成功之日，倘民心爱戴，亦可举为总统，吾师春秋已高，大可息影林泉，自娱晚景。启超等自当继往开来，以报师恩。

书末署名共有十三人，皆康之门生。

如果这封信确实为梁所写，那么他所说共和政体之类的话显然已与革命派主张相近，而他劝康有为退影林泉，自娱晚景云，确有撇开乃师另辟蹊径的图谋。据说书去之后，各地康徒为之哗然。

1899年秋，梁启超去香港，曾与在港筹办《中国日报》的陈少白讨论合作之事。讨论结果十分圆满，双方准备订立联合章程，推徐勤起草。不料徐勤"阳为赞成，阴实反对"，并与康徒麦孟华向康有为密报，称梁启超"渐入行者圈套，非速设法解救不可"。

当时康有为已经在加拿大创立了保皇会，会务颇有起色。他接到梁信时"怒不可遏"，又得徐、麦告密，立派叶觉迈携款赴日，勒令梁启超即往檀香山办理保皇会事务，并令支持合作的欧榘甲赴美国旧金山任《文兴报》主笔。梁启超不敢违拗，于1899年12月19日离东京去檀香山，孙、康合作功败垂成。

梁在离日前，还向孙中山表示"共谋图事，矢言合作到底"，并托孙中山作书介绍给檀香山兴中会员。孙中山"坦然不疑"，便为之介绍了孙眉、李昌、郑金、何宽、卓成海诸人。

12月31日，梁抵檀香山，次年1月11日致函孙中山，报告他会见李昌、何宽等人情况。信全文如下：

逸仙仁兄足下：弟于12月31日抵檀，今已十日，此间同志大约皆已会见。李昌兄诚深沉可以共大事得；黄亮、卓海、何宽、李禄、郑金皆热心人也。同人相见皆问兄起居，备至殷勤。弟与李昌略述兄近日所布置各事，甚为欣慰。令兄在他埠因此埠有疫症，彼此不许通往来，故至今尚未得见，然已彼此通信问候矣。

弟此来不无从权办理之事，但兄须谅弟所处之境遇，望勿怪之。要之我辈既已订交，他日共天下事必无分歧之理。弟日夜无时不焦念此事，兄但假以时日，弟必有调停之善法也。匆匆白数语，余容续布。

此请大安。弟名心叩。一月十一日。

梁启超这封信，其实是一种信号。

他以所谓从权办理、谅弟处境等含糊之词，隐约地表示了他将在乃师旨意支配下有不利于合作的举措，希望孙中山"勿怪"；同时，他表白自己仍以双方合作为重，对康有为必有调停善法，希望孙中山给以时间。

这些隐晦曲折、语不由衷的文字，实际上掩盖了他在合作幌子下开始觊觎檀香山地盘的企图。

梁启超在康有为离开日本后和孙中山一派的联系中，主流确实是考虑两派合作的。这主要是因为当时维新派的处境仍然困难，对于用和平方法实现君宪政体的可能性自觉渺茫，而对武装勤王存有不妨一试之想。

1899年秋、唐才常、林圭等人到达日本，与梁启超研究武装勤王问题，就是维新派在不利形势下的一种变通办法。这次武装勤王的商议，是在梁主持之下进行的，反映了他思想上确实有策略性变化，也从一个侧面说明他确实愿意和兴中会合作以获得支援。

兴中会方面对梁启超的这种变化是意识到的，所以陈少白会认为"梁启超个人对于革命向来甚少反对，而不少赞成"，梁和康有所不同，"弃保皇而取革命"，目的是出于救国。

　　基于这种认识，孙中山、陈少白等人对梁启超等才会寄予希望，有所好感，1899年11月间孙中山和梁启超等曾联席欢送唐才常、林圭回国，席间两派情绪都很激昂悲壮。

　　若说梁和孙合作会谈中一开始就在玩弄欺骗手段，这不仅不符合梁于戊戌维新失败后，尤其在1899年所表现出来的行动和思想实际，而且也不符合维新派那时正积极酝酿武装勤王的史实。

　　问题的复杂性在于梁启超与孙中山合作过程中所表现出来的变化仅仅是策略方面，他的根本宗旨始终未变。在他看来，为了实现君主立宪，可以是自上而下的和平变革；在此路不通时，也可采取自下而上的暴力手段，打击顽固派而使光绪帝复辟。

　　策略手段的变化，一是需要调整维新派的心态，二是需要获得革命派的同情支持。两者都要从康有为的僵硬态度中解脱出来。梁启超和孙中山会谈合作，确实是基于这种策略变动的需要，所以他的言论才会与康有为死抱光绪帝不同，把复辟仅仅是作为实现君主立宪的手段，而不仅仅是个人知遇之恩的表现。

　　革命派体察到了梁的思想变化，却错误地以为梁也主张革命，甚至认为他已放弃保皇，这只是反映出革命派自身对民主共和政体和君主立宪政体的界线还缺乏明确的一贯的认识，是自己的不成熟。

　　正像革命派有自己的小算盘一样，梁和兴中会谈合作也有自己的利益与打算，这就是渡过难关，发展本派力量。所以，他到檀香山之后，看到当地兴中会成员思想基础薄弱，又表现出对他的欢迎和热情，便觉得有机可乘，才产生了占领革命派地盘，使之成为保皇会基地的图谋。

　　正是从这个意义上说，1900年1月11日致孙中山信，可以作为梁启超与革命派关系将要发生性质上变化的一个信号，即从有合作诚意变成了以合作为幌子的欺骗，带上了两面派的色彩。

　　3月13日，梁启超在致康有为的信中报告了他窃夺檀香山地盘的经过及其对孙派经营广东的看法：

弟子近作一事，不敢畏罪而隐匿于先生之前，谨以实告。其事维何？则已在檀山入三合会事是也。檀山之人，此会居十之六七。初时日日演说，听者虽多虽喜欢，然入我会者卒寥寥，后入彼会，被推为其魁，然后相继而入，今我会中副总理钟木贤、张福如、协理钟水养皆彼中之要人也。……

今先生既不能在港，而今日经营内地之事实为我辈第一着，无人握基枢，则一切皆成幻泡，故弟子欲冒万死，居此险地，结集此事。……且"行者"日日布置，我今不速图，广东一落其乎，我辈更向何处发轫乎？此实不可不计较，不能徒以"行者"毫无势力之一空言可以自欺也。……

信之第一段所称钟木贤、张福如二人，都是檀香山兴中会成员。

从行文中可知，梁启超在檀香山发展保皇会起初成绩并不理想，后以参加当地三合会拉拢该会要人钟木贤等兴中会会员，才打开局面。联系梁在檀山鼓吹"名为保皇，实则革命"的蛊惑论调，可以看到他不仅在思想而且在组织上都在挖兴中会墙角。檀山兴中会成员之化为保皇派，是通过梁启超打入三合会被举为首领的途径演化的。

信之第二段所说经营内地为第一要着，完全是与孙中山兴中会对着干的。

当时，兴中会联合三合会、哥老会在香港成立"兴汉会"，推孙中山为总会长，兴中会因此势力大振。梁启超眼见孙中山"日日布置"而维新派"无人握其枢"，焦急异常，表示自己冒死在檀香山活动，或可有所得。后来的事实证明，梁利用华侨的爱国热情，为自立军武装勤王募集了十万银元的巨款，而檀香山兴中会成员也绝大部分成了保皇会会员。及至孙中山发觉，作书指责梁失信背约，已经为时太晚了。

综上孙、康合作谈判的两个阶段，可以看到在第一阶段中以兴中会为主动，维新派取不合作主义。双方宗旨明确，谁都不肯稍改，不存在谁欺骗、谁上当的问题。

　　第二阶段中，梁启超开始采取主动合作态度，有变和平为激烈的趋向，及至1900年1月起，梁启超在合作幌子下以两面派手法窃夺兴中会地盘，革命派不察，上了他的当，终于导致合作破裂，两派交恶，其后愈演愈烈，几至水火不能相容。

　　本来是一件好事，到最后变成了双方关系破裂，无法修好，令后人不胜感慨！

成立中国同盟会

1901年9月7日，李鸿章代表清政府和英、美、德等十一国签订了《辛丑条约》，清政府完全投入帝国主义的怀抱，推翻清王朝反动统治已成了全国人民的一致要求。革命团体纷纷出现，革命风潮一浪高过一浪。

清王朝对国内革命团体实行了残酷的镇压，使许多革命者流亡海外，其中到日本的居多。

各省为了抵制革命风潮，便把那些革命学生和学者纷纷遣派出国留学，这些到国外留学的人也是日本居多。

孙中山决定把这批革命力量收罗到自己旗下，于是又开始了辛苦的奔波。

1905年年初，孙中山从伦敦到比利时的布鲁塞尔，接触了那里的中国留学生。

他在留学生中进行革命宣传，但这些留学生由于受保皇派及清朝负面宣传的影响，对孙中山的革命主张有异议。于是，孙中山就与对方展开辩论。

孙中山与留学生辩论了三天三夜，终于说服了他们。三十多名留学生按孙中山出示的誓词宣誓成立了一个革命组织。

誓词是：

"驱除鞑虏，恢复中华，创立民国，平均地权。"

因革命组织为秘密组织，孙中山为留学生们制定了联络暗号：

问：君从何来？

答：从南方来。

问：向何处去？

答：向北方去。

问：贵友为谁？

答：陆皓东、史坚如二人。

孙中山没有为这个革命组织定名。他显然不想再用"兴中会"这个名称了，这表明孙中山正在酝酿扩大革命组织的计划。

孙中山在布鲁塞尔完成组织留学生革命团体后，就返回了伦敦。

没多久，布鲁塞尔的留学生革命团体与德国柏林的留学生接触后，致函并寄来路费请孙中山到柏林发展留学生革命组织。

孙中山于是又来到柏林，吸收了这里二十多名留学生成立了革命组织，并确定了通讯处所。

这年夏，孙中山到达法国巴黎。

巴黎留学生听说布鲁塞尔和柏林成立了留学生革命组织，很是兴奋，便有十多人加盟。

孙中山在欧洲完成了旅欧留学生革命组织的组建后，于6月11日从法国马赛港乘船返日，途经新加坡又结识了侨商陈楚楠。

欧洲的这三个留学生革命组织对后来的革命帮助不大，但却扩大了孙中山在世界的影响。

孙中山把扩大革命组织的重点放在了日本，因他知道日本的革命流亡者和留学生最多。

在日本，了解孙中山行踪的有两个人，一是宫崎寅藏，一是程家柽。

程家柽是当时在日本的老资格留学生。他是留学生中最早拜访过孙中山并与孙有通信联系的少数人物之一。

作为留学界的著名革命者，程家柽是个少空谈而务实际的组织家。他对孙中山非常钦佩，把组织大团体的希望寄托在孙中山身上。他深知留学界不乏英才，而能担此重任的只有孙中山。

得知孙中山已经动身从欧洲返日，程家柽和宫崎寅藏积极张罗，准备安排孙中山与在日本的英杰志士们接触。

在国内1903年民主革命思潮勃兴，到1904年各地革命组织蜂起，出现了许多革命小团体。

在众多的革命团体中，有较大影响和重要地位的，当推华兴会、科学补习所和光复会。

而这三个革命团体的主要领导人恰好都会集在日本。

华兴会成立于1904年2月15日，它的发起人和会长是湖南人黄兴，副会长是刘揆一、宋教仁。

科学补习所是湖北省一批革命知识分子运用军队的组织，发起人是吕大森、张难先，成立于1904年7月。

这个组织的特点是注重在新军中灌输革命思想，还把革命志士派入军队，宗旨是以"革命排满"。

光复会原先是章太炎等人在杭州成立的"兴浙会"，后来在实际工作中分成了两部分：

宋教仁

一部分是以陶成章、魏兰等留日学生组成，目的是在浙江建立一个能利用会党的革命团体；

另一部分是以敖嘉熊为首的当地革命志士，目的在使会党组成一支反清的军事武装。

两部分各干各的，互相有联系，主要联络人是陶成章。

截至中国同盟会成立前，光复会和华兴会在国内的势力也比得上兴中会了，可谓三足鼎立。

事实上，在1904年12月，华兴

会首领黄兴、宋教仁就已经联络湖南、云南、直隶、江苏、河南等省的留学生一百多人，组织起了革命同志会。

1905年6月，宋教仁、陈天华、程家柽等联络湖南、湖北、广东、安徽等省的留学生，发起创办了《二十世纪之支那》杂志，成为联系团结学生有力的阵地。

约在六七月间，黄兴和宋教仁就找到程家柽商量，说联络团结的留学生日渐增多，有必要成立会党，以作为革命的中坚力量。

而程家柽却坚持等孙中山回到日本之后再成立会党，言外之意只有孙中山才能统领大局。

再说孙中山一回到东京，便直接来到宫崎寅藏的家，两人寒暄两句，孙中山就急不可待地问：

"我想在日本扩大组织，不知道留日学界有哪些杰出人物在此？"

宫崎寅藏笑着回答：

"差不多都在，正等着你回来召集众杰以成大团。要说英杰，首推黄兴，幸我与他交好，可通知他来与你会谈。"

孙中山一口喝下杯中茶，起身说：

"何必麻烦人家，咱们去拜访他。"

两人便赶来黄兴在东京神乐板附近的寓所，不巧，黄兴处正有一批客人，黄兴就把两人领到一个名叫"凤乐园"的中餐馆聚谈。

陪黄兴来的还有一个叫末永节的日本人，他和宫崎都不精通汉语，只能听黄兴与孙中山交谈。

孙黄二人不吃，不饮，只是谈

1905年时的孙中山

话，足有两个小时。两个日本人插不上嘴，只能喝酒吃菜，忽听孙中山和黄兴笑着高喊："万岁！"知两人交谈甚洽，也举杯祝贺双方会晤愉快。

为了进一步消除合作中可能出现的障碍，宫崎和程家柽还特意安排了宋教仁、陈天华与孙中山晤谈。

经过双方密切交谈，达成了一致意见，7月30日，在赤坂区桧町三番黑龙会的会所召开了同盟会成立之前的预备会议。

参加会议的有七十多人。

孙中山在会上发表了演说。

会上讨论组织名称，孙中山提出叫"中国革命同盟会"。有人认为组织属秘密性质，不必明用"革命"，后决定采用"中国同盟会"。

关于组织纲领，采用孙中山提出的"驱除鞑虏，恢复中华，创立民国，平均地权"。

讨论中国同盟会领导人时，黄兴提议孙中山为本党总理，不必选举，大家都举手赞成。

会上又通过了孙中山拟写的盟书。

会议要结束时，会场后面的座席因人多不负重压，轰隆一声坍倒。孙中山笑着说：

"此乃颠覆满清、革命成功之预兆！"

他的机智和风趣，赢得全场一阵热烈的欢呼和掌声。

8月23日，在富士见楼一个大堂里，举行留日学生欢迎孙中山大会。

这是孙中山首次在盛大的留学生集会上公开露面。原拟有

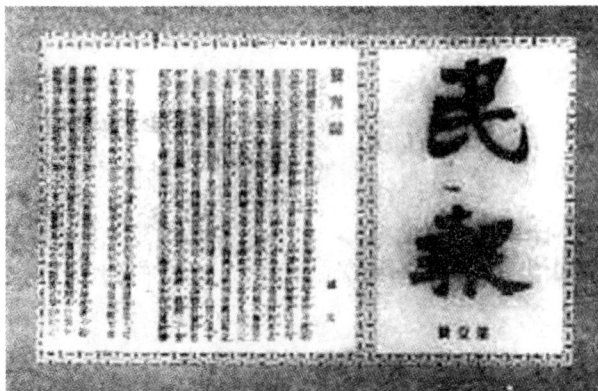

中国同盟会机关报《民报》在日本东京正式出版

七百人左右，可实际到会的有三千人左右，可谓盛况空前。

会议先由宋教仁致欢迎词，与会者对孙中山的到来报以热烈的掌声。

接着，身穿一身洁白西装、气宇轩昂的孙中山向听众发表了近两个小时的演讲。

此前，许多不了解孙中山的留学生受保皇派的反动宣传影响，以为孙中山是个只会扯旗造反的"孙大炮"，而今亲见其人风度，亲聆其言精彩，才不能不刮目相看。

1905年8月20日，中国同盟会正式成立，大会在日本子爵阪本金弥府邸召开。

这里邻近清朝驻日公使馆，与会者有的没来过子爵府邸，竟误将清使馆当作会场，后经一说，闻者皆笑。

参加成立大会的有一百三十多人。

同盟会成立后，有大批爱国者踊跃加入，不到一年，海内外会员总数达到一万多人，仅东京一地就有八百多人。

同年11月26日，同盟会机关报《民报》在东京正式出版发行。

孙中山在《民报》发刊词中，阐述了同盟会十六字纲领，并树起了三民主义的革命旗帜。

起义，还是起义

中国同盟会成立后，孙中山就离开日本前往越南、新加坡等地，发展同盟会组织，并筹划在中国华南地区发动武装起义。

1906年10月，孙中山回到日本东京，与黄兴、章太炎等同盟会领导人一起，制定了中华国民军政府的《革命方略》。

《革命方略》由十一篇文件组成，包括《军政府宣言》、革命军和地方政权的建制及各项军政布告和《对外宣言》等，专供各地革命党人发动起义时动员群众、鼓舞士气和指导对外关系之用，体现了孙中山用武力推翻清政府的一贯思想和巨大决心。随后，孙中山派遣一部分同盟会会员秘密回国，为准备武装斗争集结力量。他本人也把大量的时间和精力投入到领导武装起义上来。

于是，才有了以下这些起义壮举：

（一）萍浏醴之役。

萍浏醴指江西省的萍乡、浏阳、醴陵。1906年春，长江流域洪水成灾，不少地区闹饥荒。同盟会总部派刘道一、蔡绍南回湖南发动起义。

他们到长江后，刘道一留下负责和总部联系，蔡绍南则前往江西萍乡一带联络会党。

蔡绍南通过同盟会员魏宗铨联系上了萍乡、浏阳、醴陵一带的知名人物龚春台。

龚春台为人义气是出了名的，他和蔡绍南又联系了哥老会和武教师会，组成洪江会，公推龚春台为大哥。

洪江会成立后，贫苦农民和附近的安源矿工纷纷加入，组织迅速扩大。于是，龚春台、蔡绍南等开始策划起义。

1906年12月4日，萍、浏、醴起义全面爆发，起义军定名为"中华国民军南军革命先锋队"，龚春台为都督，蔡绍南为左卫都统领兼文案司，魏宗铨为右卫都统领兼钱库都粮司。

义旗一举，八方群众纷纷涌来，十天内队伍扩大到三万多人，一度控制了四五个县，使长江中、下游各省为之震惊。

孙中山得到刘道一报告，立即派同盟会员宁调元、杨卓霖、胡瑛、孙毓筠等人先后回国，分赴苏、皖、湘、鄂、赣、粤各省组织起义，以声援萍浏醴起义。

但各地起义还未发动，清军就调集五万多人，对义军展开围攻，激战二十多天，义军寡不敌众，被镇压下去了。

12月下旬，刘道一在长江被捕，后被砍头。次年3月，魏宗铨也被捕杀。

对刘道一的遇害，孙中山极为悲痛。特作了一首七律诗志哀：

半壁东南三楚雄，
刘郎此去霸图空。
尚余遗孽艰难甚，
唯与斯人慷慨同？
塞上秋风悲战马，
神州落日泣哀鸣。
何时痛饮黄龙酒，
横揽江流一奠公？

（二）黄冈之役。

萍浏醴之役后，清政府查明起义的幕后主谋是孙中山，便要求日本政府驱逐孙中山出境。

1907年3月4日，孙中山被迫离开日本经新加坡赴越南。3月14日到河内后，他立即开始策划广东、广西和云南三省起义，并设立了西南武装起义领导总机关。

孙中山这次带在身边的助手有胡汉民、汪精卫、胡毅生、黎仲实等人。

此役所用军款是孙中山结识的在法国的华人张静江汇来的，共六万法郎。

此役主要力量是黄冈的三合会，其重要首领许雪秋1906年夏被孙中山收入同盟会，并被任命为中华国民军东军都督，主持岭东一带军务。

在起义准备阶段，孙中山从日本派去廖仲恺、乔义生、方汉成、方瑞麟、李思唐，还有日本会员萱野长知、池亨吉等人先后前往协助。

又选派黄耀廷、邓子瑜、余绍卿等人到广东惠州东江一带准备配合黄冈起义。

在1907年2月，黄冈便欲起义，可原定起义之日天公不作美，风雨交加，令各部无法聚集，只能改期。不料事泄，招致清军搜捕，有数人被捕杀，暂时受挫。

5月下旬，黄冈又有两同志被捕，余丑、陈涌波请示香港方面，要营救，许雪秋也赞同。可香港分部答复要静候孙中山命令。

5月24日，各报纷纷报道潮州饶平县黄冈镇起事消息。余丑、陈涌波决定迅速发难营救被捕同志，不然清军必有防范。遂聚众七百人，在6月21日晚9时围攻黄冈协署，血战一天，占领衙署并擒获都司隆启。

在香港的许雪秋闻讯即带十九人取道汕头，想赴前线督战，可因清军防范甚严，无法赶到战场。

6月24日，余丑、陈涌波又率兵进攻潮州总兵黄金福的大本营，激战两天，把清军击退。但清军援兵又从后面杀到，义军腹背受敌，只得向黄冈且战且退，终因弹尽械劣，孤立无援而宣布解散。

许雪秋等人听到报告，甚为懊丧。

许雪秋等人返回香港致电河内的孙中山，认为失败原因是土炮不敌洋炮，如能从外国购运新式军械至惠州汕尾洋面，还可在海丰、陆丰沿岸召集余众起义。

孙中山立即派萱野长知回日本购买军火，回电告知许雪秋继续策划。

10月12日，萱野长知等人乘船运军火到汕尾，却不见船来接收。

三小时后，许雪秋才亲驾小船来探视，因为他在这一带屡聚党人已引起清兵怀疑，防范甚严。待许雪秋确知军火运到，想雇大船接收时，已被清军发现。

萱野等人只得令船离岸改赴香港卸船主的煤炭，想在卸完煤炭后再返回卸下军火。

不料香港当局得到广东督署照会，要求扣留这艘可疑货船。日本领事为避免交涉，令该船迅速返回日本。军火没有卸下来，起义计划也因此落空。就这样黄冈之役彻底失败。

（三）惠州七女湖之役。

孙中山为配合黄冈之役，派黄耀廷、邓子瑜、余绍卿到惠州、阳江、阳春谋划起义。

黄耀廷参加过1900年的惠州起义，曾任革命军先锋，英勇善战。

5月上旬，黄耀廷等人到香港，与陈少白接头，被告知已受监视，便带着一千二百元军费跑回新加坡了。

余绍卿原是阳江、阳春大盗，此次贼性难改，领了一千五百元军费便失踪了。

邓子瑜只得自己发动起义，因黄冈那边形势急迫，为便于配合，他派陈纯、林旺、孙稳分别到惠州归善、博罗、龙门三地起事，结果只有惠州归善一路发动。

6月2日，在归善县的七女湖起义，革命军二百多人劫夺敌营，缴枪多支，击毙巡勇及水军巡舰哨弁多人。

6月5日，义军进攻泰尾，清守兵望风而逃，连占杨树、三达、柏塘、八子岭等地。各乡会党和群众纷纷来欢迎，声威大震。

惠州府急电广州督署营务处求救，粤督遂派大队清军赴援。

义军并不与清军硬拼，领着清军在水口、横沥、三经等地绕圈子，待清兵懈怠不防时再偷袭。使清军连吃苦头，又急求援。

粤督又令水师提督抽调黄冈兵力来助，义军出没山林之中，巧于周旋。

邓子瑜由香港派入赴惠州前线，告知黄冈失败，惠州孤立无援，难以持久，立即埋枪解散。

义军首领陈纯由香港转避南洋。孙稳被香港清吏拘捕，后引渡回广州遇害。

邓子瑜6月19日被香港当局勒令离境。

（四）防城之役。

1907年春，广东的钦州、廉州两地人民因反抗当地的糖捐制度而发生暴动。

粤督派统领郭人漳率防军二营、标统赵伯先率新军步队一营前往镇压。

孙中山派邝敬川到廉州良屋与暴动乡团首领刘思裕等人接洽，让他们与革命党联合起来干，刘欣然赞同。

孙中山又派胡毅生与清军统领郭人漳、标统赵伯先接洽，劝他们反正举义——因二人以前就与革命党有联系。

孙中山又派陈油给胡毅生送信，告知暴动乡团已与革命党联合，不可自相残杀。

可是陈油送信已晚，清军郭人漳所部攻到钦州，乡团以为革命党已与清军联系，未加防备，被打个措手不及，死伤甚众，首领刘思裕被害。

孙中山任命王和顺为中华国民军南军提督，主持钦州、廉州军务。又派黄兴和王和顺随胡毅生到北海与郭人漳、赵伯先二人联系。

郭、赵二人表示若革命军起义，他们必反正支持。黄兴就留在钦州郭人漳身边，胡毅生就留在廉州赵伯先身边。

王和顺在各乡镇联络乡团，准备统一行动。

孙中山见时机成熟，准备大举，就派萱野长知又回日本购买军火。

可是，萱野长知在日本购妥军火要启运时，同盟会中的章太炎在东京总部却大闹起来，胡说什么这些军火是次品，不能用，趁机掀起蓄谋已久的反对、排挤孙中山的风潮。致使军火没运成。

9月4日，王和顺率义军攻防城，守军反正响应，义军占领防城杀了县官。

当日，留邝敬川等人驻守防城，大队向钦州府进发。天将亮，到达涌口，距钦州还有四十里。

中午，黄兴、郭人漳率卫队六十人出城来迎。郭人漳表示钦城不必战，革命军赶到就可占领，然后就回城了。

9月6日，革命军向钦州挺进，郭人漳又派人来报，不可进攻，清军已有戒备。等传报人回，郭杀之灭口。原来他见革命军势弱，恐受连累，已不想反正了。

革命军探知郭人漳已无反正之意，改攻灵山，恶战三日未克。

廉州的赵伯先见郭人漳未反正，也不敢行动。

革命军没有援兵，枪弹又供应不上，只好退入十万大山。

王和顺带二十多人回河内。

黄兴见郭人漳不可靠，找借口也返回河内。

此役落败，孙中山深感惋惜。他知道若日本军火运来，绝不会是这结果。

（五）镇南关之役。

广东方面失败了，孙中山把活动重点转移到了广西和云南。

1907年9月，孙中山命黄明堂为镇南关都督，以李佑卿为副。

黄明堂以前曾聚游勇数百人，呼啸山林，多次击溃清军。被任命之后，迅速与镇南关炮台守兵联络成熟了。

12月2日拂晓，黄明堂亲率广西游勇八十人，偷袭得手，一连夺取三座炮台。

到天亮，义军的青天白日旗已在山顶飘扬，山下清兵望见无不恐慌，知三座炮台已被革命军占领。

为等候夺取炮台的消息，在河内的孙中山、黄兴等人几乎一夜没睡。

上午时，他们接到了占领镇南关的电报，众人高兴得跳了起来。

孙中山笑着说：

"大家抓紧准备一下，这次我们都要去前线，我还要亲手开炮呢！不然，也枉他们给我起了'孙大炮'这雅号了！"

说完纵情大笑。

12月3日上午6时，孙中山、黄兴、胡汉民、胡毅生、池亨吉和法国退职炮兵上尉狄氏一行十人，从河内乘火车北上。

火车经过谅山，午后2时到了安南铁路的终点站同登。

下火车后，他们步行到安南边境山区的一个小市镇文渊，见到等在那里的义军代表，又骑马向模村进发。

模村离镇南关很近。晚饭后，当地首领集合了增援队伍，连同孙中山一行共六十人，点亮火把，开始向右辅山攀登。

镇南、镇中、镇北三座炮台就坐落在右辅山上。

这里山高林密，加上又是夜晚，攀登时相当吃力。

"砰！砰！砰！"

蓦地响起一阵枪声。

那个头目忙喊：

"快灭掉火把，清军的哨兵发现火光了。"

火把一灭，行走更为艰难。

等到登上山顶，众人已筋疲力尽。孙中山抖擞精神与迎接上来的黄明堂和义军战士一一握手，说：

"你们夺下了镇南关，功劳不小啊！等我们在这里站稳了脚跟，就可以挥师北上，扩大我们的胜利。"

当晚，孙中山、黄兴、胡汉民等人就在堡垒的草堆中睡了一夜。

次日清晨，孙中山等人巡视了义军占领的三座炮台，给义军战士发放了饷械。

上午，清军援兵开到，组织反扑了。

孙中山、黄兴、胡汉民等人都拿起枪投入战斗。

孙中山时而开枪射击，时而蹲下身鼓励身旁的战士，见有的战士受伤，他立即上前帮助包扎。

当发现运送炮弹的战士受伤时，他又冲上去帮着运送炮弹。

在法国人狄氏的配合下，孙中山真的亲自开炮了。看着自己发射出的炮弹在敌人阵地上开花炸响，他笑着说：

"痛快！太痛快了！我反清二十多年，今日才真刀真枪地打击清军！"

整整打了一天，清军损兵折将，清军指挥官为调援兵，而派一樵妇送信劝降。

孙中山等人识破对方诡计，商讨如何破敌之策。这时，河内总机关来人送交急信。

孙中山打开急信，上写：

"大宗粮食、枪支、子弹，在文登被法军扣留，交涉无效。"

要与清军久战，粮枪子弹不足怎么行呢！

孙中山当即决定自己回河内购置粮枪子弹，让黄明堂率领义军再坚守五天，一等饷械运到，立即下山攻取龙州。

于是，不顾战斗一天的疲劳，孙中山当晚就从山后悄悄下山。

孙中山心急火燎返回河内，立即去拜访法国一位银行家，请求贷款购买军火。可对方坚持要等义军攻下广西龙州后，才肯给钱。

几次谈判，都没有进展，孙中山急得坐立不安，茶饭不进。

12月9日晚上，孙中山接到电报，知道炮台失守，谈判已失去意义，才停下来。

义军将领退回河内，汇报了炮台失守的经过。

孙中山却乐观地说：

"这次举事，胜利的应该是我们。我们以少数同志与敌数千人激战七八天，予敌重创，大扬革命军之声威，已见清军的不堪一击，清廷的不足惧。只要我辈同志继续不断地打击，清王朝这座本已腐朽的大厦离轰然倒塌之日不远矣！"

（六）钦、廉、上思之役。

1908年3月，孙中山为筹钱款，离河内而赴新加坡。

走之前，他认为钦州、廉州会党的力量尚可利用，命黄兴为总司令，统领镇南关及十万大山余众，到钦、廉地区再次发动。

又命黄明堂窥取河口，以图进取云南。

黄兴受命后，在河内购得法商盒子炮百数支，让冯自由在香港购买子弹，并给钦州统领郭人漳，让他相机响应，接济弹药。

然后，黄兴率越南华侨两百多人，于3月27日挺进钦州，沿途张贴"中华国民军南路军"总司令黄兴告示，大造声势。

3月29日，在小峰与清军六百多人遭遇。革命军以奇袭得手，把清军击溃。

4月初，革命军又在马笃山一战获胜，然后转战钦州、廉州、上思一带。队伍扩大到六百多人，转战四十多天，终因弹尽援绝而败，在进发广州宣化途中队伍解散，潜入十万大山。

黄山、黎仲实等先后退返河内。

郭人漳因部下多次接济弹药时被误伤，对革命军顿生恶感，后不再接济弹药。

革命军又败，非黄兴指挥不当，也非战士作战不勇，实因没有后援补济所致。

（七）河口之役。

河口地处中越边界，清政府在此地建有四座炮台，重兵防守。

孙中山的机关总部设在河内，要在云南发动起义，河口是必争之地，因滇越铁路由此经过，北可达昆明。

1908年4月，孙中山任命黄明堂主持军事，由王和顺和关仁甫协助。

4月29日夜2时，黄明堂、王和顺、关仁甫率百余人袭击河口，清军防营一队约四百人反正，一同向城里发起进攻。

夜4时，占领河口城，城内警兵也相继反正。

清防务处督办官王玉帆率两营人据半山的炮台死守，并派人密赴老街向法国防营统领求援，称借兵平乱。

法军统领乐得看中国人自相残杀，根本不管。

王玉帆被击毙，河口四座炮台全被革命军占领，又得枪千余支、子弹二十万发。

革命军挂悬王玉帆首级示众，又贴出告示，数日内人数增至千余人，声势大振。又先后攻占南溪、新街等地。

孙中山在新加坡闻讯，即电委任黄兴为云南国民军总司令前往指挥。

5月7日，黄兴乘车到老街前线，计划沿铁路率军进攻昆明。可见战士们疲惫不堪，他又返河内召集钦、廉党军二百人赴河口援助。

不料黄兴到了老街，法国警察（越南是法国殖民地）怀疑他是日本人，把他遣送西贡转到新加坡。

再说云南总督见革命军声势日盛，调集大批清军南下救援，仍不放心，电奏清廷告急。

清帝令广西左江道龙济光率南宁防军前往助战。

革命军没了黄兴统帅，散漫无纪，而且清军又多出数倍，难以坚守，丢了炮台后，全部退入越南。

进越南后，驻防法军强令缴械，革命军进行反抗，又与法军开战。

法军不想无谓地牺牲，让当地著名人士出面调和，后由法方把六百多人"保护出境"送往南洋。

后经孙中山奔波，这批人多数在槟榔屿、吉隆坡、吡叻文岛各矿场、农场就业。

（八）广州新军之役。

连续的起义，连续的失败，使可利用的会党等力量受到损失，革命党本身也伤了元气。

孙中山决定侧重于新军的策反工作，让清军自己搞窝里反，同时也可集结新的革命力量。发起广州新军起义的负责人是倪映典、朱执信。

倪映典当过安徽炮兵管带，与广州新军第九镇炮兵队官熊成基是同学。

倪映典后来又任广州新军炮兵排长，他经常用讲历史故事的方法向士兵们灌输革命思想。

朱执信不是军官，却经常出没军营，通过军营里的同盟会员来发展会员。

1909年的夏天，倪映典和朱执信等人在白云山集会，筹划起义，并确定了总机关地址。经过几个月的工作，广州新军到10月，已加盟到了三千余人。

10月，同盟会南方支部在香港成立，胡汉民为支部长，倪映典为运动新军总主任。

同时派新军中的姚雨平、张六村运动广州附近的巡防营。

朱执信、胡毅生组织番禺、南海、顺德一带的会党。

1910年1月，倪映典向胡汉民报告，新军起义条件已经成熟，要求定于夏历正月十五元宵节前后发难。

胡汉民立即电告已从新加坡去美国的孙中山，要求筹汇两万元应急，又电邀黄兴、谭人凤、赵声等来港主持。

很快，孙中山复电，表示款可筹足，并嘱可照计划进行，不要气馁。

黄兴等接电后相继抵港。

未等孙中山汇款到，香港商人、同盟会员李海云捐献两万元，经费问题已顺利解决。

正待举事之际，又生意外。

一标三营队官罗嗣广查获士兵参加同盟会的证书，立即上报。粤督袁树勋下令于2月8日将协司令部及各标、营子弹十五万发暗运入城。

2月9日，新军又与警察冲突，黄兴等人决定提前至2月15日起义。

次日元旦，二标士兵数百人又执械入城，遇警兵即打，捣毁警局数处。

粤督下令弹压，同日，协统张哲培率宪兵到二标，一面召集士兵训话，一面令队官卸去枪机，连同子弹运入城内。

同日夜，倪映典赶回广州，见到局面不可收拾，决定起义。

2月11日晨，一标士兵得知不准放假，全体大闹，又听说宪兵来镇压，纷纷闯入军械房取枪防范。

倪映典等人趁机鼓动士兵冲向司令部、讲武堂及各营夺取枪械子弹。

2月12日晨，倪映典进入炮、工、辎营，全体欢呼。8时，管带齐汝汉发表演说，让士兵不要被倪诱惑。

倪映典开枪把齐汝汉击毙，又击毙了另一个队长，其他两个队长惊恐万状，开枪自杀。

倪映典宣布起义，被推为司令，率军进到沙河，共约千人。

同日晨，李准、吴宗禹率防营两千多人向起义军进攻，在牛王庙一带设防。

倪映典手持红旗，率队向前挺进，到横枝冈，遇前来的吴部管带李景濂。

李景濂也是同盟会会员，他说李准、吴宗禹请倪映典去营内谈反正条件，倪映典也没怀疑，随李景濂到对方营地，却被乱枪击毙。

倪映典牺牲，起义军勇猛前进，与对方激战一时许，牺牲百余人。因子弹早被缴，起义时每人只分得七粒，迅速打光，不得已向燕塘撤退。

13日，起义军退守白云山一带，因没子弹，遇清军搜剿，有百余人被俘，余众在乡民掩护下逃亡香港。

原拟各乡会党发动响应，而新军起事仓促，又遭失败，只得告停。

密谋多日的广州新军起义就这样草草收场。

筹款的艰辛

到1910年12月，随着南洋殖民当局把孙中山驱逐出境为止，他在香港、日本、越南、缅甸、南洋各地已无立足之处，只得远赴欧美筹款，把同盟会一切事务委托黄兴、胡汉民等人。

对孙中山这样的艰难处境，他的恩师康德黎博士曾说过这样一段话：

"他曾是一个被弃者，远离家园，时而避于甲国，时而避于乙国，全世界似乎没有他立足地。因为在任何国家之下，他得不着安宁，虽至天涯海角。将二十年间，他无时不感到一种残酷、死亡迫在眉睫。他曾是个书生，无钱无势，多年如一日，在海外饱尝千辛万苦，历经艰险而百折不回，用生命作赌注，奋不顾身，勇往直前。"

孙中山周游各国，旅况窘迫是常事。他在伦敦，留学生看见他穿不像穿的，吃不像吃的，便给他凑了一笔钱，让他改善一下生活。

可后来见他仍是老样子，就问那笔钱哪儿去了，孙中山笑着指了指一堆新书，说：

"谢谢你们，我都用来买书了，饭可以几顿不吃，书不能一天不读啊。"

在美国，侨胞们给他租了旅馆的一间房，可孙中山却坚持住侨胞洗衣店的一个小屋。

旅美侨胞的洗衣店多设在贫民窟，房子空气和阳光极差。侨胞很是不忍心让孙中山住在这里，可孙中山却说：

"既然你能住，我怎么不能住呢？咱们把住旅馆的钱用在革命事业上不更好吗？"

侨胞们见他经常穿工人们穿的那种蓝绒裤，想替他买件比较好的呢裤，也被他拒绝了，说：

"衣服是给别人看的，没有重要场合可以对付。"

有一次，孙中山去发表演讲，回返住地时竟然身无分文，连五分钱的车票也不能买，只好步行，因地上结冰路滑，还跌了一跤，把他那件只有在重要场合才穿的西装划破，他很是心疼。

孙中山四处奔波，从来没给自己过生日。在芝加哥时，有位友人问他：

"孙先生，你什么时候过生日？我们替你安排。"

孙中山很认真地说：

"革命还没有成功，谈不上生日；将来革命成功了，就天天都是生日了。"

孙中山筹款对象都是华侨，经常吃闭门羹。

有一次，他走进一家半开着门的洗衣馆。突然，一个侨胞拿着熨斗冲过来说：

"走！走！这里不欢迎你！我们也不听你的'车大炮'（粤语：吹牛！）"

孙中山笑了笑，退出房门，改到别的一家商店。

由于受保皇派宣传影响，在一些上层华侨中普遍认为孙中山宣传的革命道理是吹牛。那些中层华侨对他冷淡，有的甚至认为他要推翻清朝是大逆不道。而那些下层华侨多数支持他，却拿不出多少钱来。

孙中山筹款艰辛，与内部人对他的排挤、攻击也有关系，因为这对他的名望造成极坏的影响。1907年孙中山接受日本内阁捐款用于起义，而同盟会的章太炎、张继等人认为不应该接受，又嫌孙中山留给他们的办报经费太少，于是孙中山一去起义前线，他们就在背后大骂孙中山，还张罗撤换孙中山总理职务，让黄兴当。这是第一次"倒孙"风潮，后因黄兴拒绝出任总理而暂时平息，但这些人背后却与孙中山对着干，最明显的是章太炎把持《民报》后，不宣传革命，却大谈佛理。

章太炎的一派陶成章等人独立外出筹款，重新打出光复会旗号，公开搞分裂。后来为扳倒孙中山竟出台了一份《孙文罪状》，胡言什么"罄南山之竹，书罪无穷；决东海之波，流恶不尽"。

还诬蔑孙中山在香港、上海汇丰银行存有巨款，其哥孙眉在九龙建豪宅。

陶成章的行动影响了章太炎，后者竟在《民报》上公开攻击孙中山。

黄兴不被流言所惑，对《民报》攻击自己的领袖更为不满，便让汪精卫接替了章太炎主持《民报》，同时为孙中山进行申辩。

同盟会内乱，保皇派趁机火上浇油，对孙中山大肆辱骂。

革命党中有被这些流言蜚语迷惑的人，便对孙中山展开秘密调查。

结果汇丰银行并没有孙中山存款，而其兄孙眉为孙中山革命所累，已倾家荡产，移居九龙种地为生，所住也是自己盖的几间草房。于是将调查真相公布，激起了革命党人对陶成章之流的义愤。

陶成章等人一不做，二不休，干脆重建光复会，彻底与同盟会分裂了。可由于不得人心，日子也不好过。

但这些内部人的攻击为孙中山筹款带来的困难并未消除。

为了不让人怀疑私占筹款，孙中山便让捐款者直接汇往同盟会东京总部，再由总部寄回收据或公债券。

用公债券筹募，是孙中山的发明。这种债券票面有五元、十元、二十元、五十元、一百元之分，皆为美元。形式与美钞差不多，只是一面为中文，印有革命公债发行条例，还有孙中山英文签字。

而相信孙中山的华侨仍把大笔现金交给他，美元、英镑、法郎、马克、港币等等。

孙中山从不乱花筹集到手的一分钱。

1910年7月19日，孙中山在马来半岛的槟榔屿惊闻母亲病逝的噩耗，同时孙眉电告经济拮据，无钱下葬。

孙中山十分悲痛，急筹港币一千元汇给孙眉，并让孙眉安排妻子卢慕贞带两个女儿孙瑗、孙琬来槟城与他团聚。

妻子带女儿来到槟榔屿，他要去欧洲，一分钱也没给妻子和女儿留，只是让当地华侨革命党人予以照顾，就匆匆而去。

相比之下，孙中山把筹集的钱用于革命连数都不数。

为了准备广州黄花岗起义，孙中山1910年6月9日化名秘密潜回日本横滨会晤黄兴。

可黄兴正被日本警方搜捕，他们只能在孙中山乘坐的美国轮船上见面，而后秘密到日本友人为孙中山安排的旅馆交谈。

因黄兴急着离去，两个小时后两人分手。

分别时黄兴才想到朝孙中山要钱，孙中山把自己的皮箱递给黄兴，说：

"全拿去吧。"

皮箱里是孙中山刚从美国筹集回来的巨款。

黄兴拎起皮箱就走，到门口又停步，回头问：

"你还有钱吗？"

旁边的日本友人萱野长知笑了，说：

"皮箱在你手里，他还会有吗？"

黄兴笑了笑，打开皮箱，说：

"对了，还是应该给你留点。"

便拿出两沓钞票递给孙中山，然后拎起皮箱匆匆离去。

他们彼此就是这样信任。这场面让萱野长知很是感动。

最悲壮的起义

1910年11月13日，孙中山来到槟榔屿，按照与黄兴商定的，要在这里召开同盟会骨干会议，研究下一步起义事宜。

会上许多人对起义形势认识不足，认为时机未到，还有人对起义缺乏信心，有悲观情绪。

孙中山鼓励说：

"我们以前起义是失败了，但能够因为失败而不再革命吗？那时的困难比现在要大得多，而我们也英勇无畏地打击了清军。现在高丽既灭，满洲亦分，中国命运悬于一线。再看国内民心大变，时有反抗。我们对新军的运动已普及云南、广西、三江、两湖，时机不能说不成熟。只要我们计划周密，援济充足，同志们英勇争先，拼死与战，何愁大事不成！"

由于孙中山已与黄兴商定起义之事，有黄兴支持，最终会议通过在广州起义的决定。

起义！在广州是因为革命党人在广州新军中有较好的基础，上次广州新军起义失败只是一部分，而赵伯先统领过的新军第二标和第三标的一

个营却未牵及，力量还保持着。

赵伯先（赵声）曾在"防城之役"时企图反正，后因郭人漳未反正，而未行动。广州新军起义失败后，避于香港，投身革命党。

因孙中山在槟榔屿也不能久留，还得避于欧美，会上决定由黄兴全权负责筹备起义事宜，孙中山专门负责在海外筹未足之款。

会上还决定：

起义仍以新军为主干，另择革命党八百人组成敢死队，名叫"选锋"。

计划在占领广州后，由黄兴率一军出湖南以趋湖北，赵伯先率一军出江西趋南京，长江流域各省乘此起兵响应，会师北上，直捣京城。

会后，孙中山匆忙离去，再赴欧美筹款。

1911年1月8日，黄兴等同盟会骨干相继到达香港，着手筹备起义工作。

1月底，成立了起义领导机构统筹部，黄兴为部长，赵伯先为副部长。下设调度、交通、储备、编制、秘书、出纳、调查、总务八个分部。

准备工作开始进行，而筹款是头等大事。

黄兴不想全靠孙中山，他也亲自到新加坡、吉隆坡、金室等地筹款，还有胡汉民、邓泽如、姚雨平、谢良牧、冯自由等人也负责分头筹款。

总共筹募港币十五万多元，而其中一多半是孙中山一人筹集。

随后开始运购军火，在城内建立了三十八处秘密地点，确定放火机关九处。

1911年4月8日，各项准备工作接近就绪，黄兴主持召开起义之前的

重要会议，制订作战计划。

会上明确赵伯先为起义军总司令，因赵曾任新军标统（团长），有丰富军事学识和指挥经验。由黄兴任副司令。

决定分十路进攻：

黄兴一路百人攻总督署；

赵伯先一路百人攻水师行台；

徐维扬、莫纪彭一路百人攻督练公所；

陈炯明、胡毅生一路百人攻归德、大北两楼；

黄侠毅、梁起一路百人攻警察署、广中协署、兼守大南门；

姚雨平一路百人占领飞来庙，攻小北门，接应新军入城。

李文甫一路五十人攻旗界石马槽军械局；

张六村一路五十人攻龙王庙；

洪承点一路五十人攻西槐二巷炮营；

罗仲霍一路五十人攻电信局。

此外还加设放火的人进入九处地点。

起义时间定在4月13日。

这次起义准备得最充分，最成功，计划最周密而合理。但谁都没想到在革命党中会有内奸。

时任两广总督张鸣岐为了对付革命党，早派他的得力爪牙陈镜波混入同盟会，为他秘密提供革命党的情报。

当陈镜波把革命党要起义的消息密报给张鸣岐后，他吓了一大跳，立即紧急部署应对。

4月8日，起义军召开会议的这天，发生一件意外事件：同盟会会员温生才自发地刺杀了广州将军孚琦。

张鸣岐正好以此为借口，下令全城戒严，大肆搜捕革命党人。

见清军严密防范，加之日本、越南购运的军火未到，黄兴决定把起义推迟到4月26日。

23日，黄兴带人先秘密进入广州。赵伯先等大队留在香港。

黄兴到广州后在越华街小东营五号设立起义总指挥部。他又把起义时间推迟一天，定在4月27日，因为估计26日日本、越南的军火才能到。

没想到4月24日、25日，从新军驻地突然传来消息：清总督下令把新军的枪机全部缴去。军中本来就缺子弹，没了枪机，枪支成了废铁。

同时，天字码头等处连续驶来大船，满载从外地调来省城的大队清兵。

很显然起义之事已泄露，敌人已经做好了防备。

新军是这次起义主要力量，本来联络好城内火起，新军起义攻入城内援助。现在，新军枪机被缴，等于丧失战斗能力。

而且清兵调来大队援兵布防，义军万难取胜，

黄兴作为坐镇城中最高指挥，陷入了进退两难的境地。如何决断？

局势继续恶化，城内警察协助清军在城内狂捕穷追革命党人，宁抓错也不放过，几处储存军火的重要据点被袭击、破坏。

面对如此险恶局面，陈炯明、胡毅生、朱执信主张缓期再举。

黄兴无奈，4月26日晨下令各部迅速解散，以免搜捕之祸。

随即致电香港总部：立即停止集合待命的大批党人来广州！

命令下达，当天数十秘密机关相继收拾起军火，由到广州的敢死队员带着分批撤回香港。

也就在这一天，张鸣岐为加强城内防务，又向城里增派两个巡防营。而巡营里的一个同盟会员悄悄来找黄兴，说巡防营里不少士兵是同盟会员，想趁机起义。

黄兴一听，果断下令，没撤出广州的敢死队员暂不要撤了，集结待命。

"为什么不撤了？"

陈炯明问黄兴。

黄光双目精光暴射，说：

"我要拼死一战！"

在场众人都为之一震。

黄兴又说：

"为此次举事，我们费心费力，前后用款十多万元。此款无不为华侨友人之血汗，我等筹款何其难也！此役草草收扬，日后有何面目对资助革命的华侨友人！倘人将疑我们诳骗，乃绝以后筹款之路也！今有新军入城，我们正可拼死犯险，此举就算不成，也可用我等鲜血唤醒天下人！"

一番话说得慷慨悲壮，豪气冲天。

在场人都知道，入城新军因事先未联络，也不知有多少肯相助，实是指望不上的。

在此危急时刻，敌人严阵以待之际起义，实是明知不可为而为。

再看留下来的敢死队才百余人，硬要发难，说起义，还不如说大白天搞暗杀——暗杀有准备的敌人。简言之，就是去和敌人拼命。

然而，黄兴一番话说完，人们纷纷响应，发誓追随他拼死一战，无一退缩。

实则敢死队中多人远渡重洋才潜返内地，早抱定必死决心，草草收场，实是不甘心！

黄兴心中甚慰，确定明天（4月27日）起义。遂又电告香港总部把大队党人派来，起义明天进行。

然后确定起义计划，由十路改为四路，黄兴、姚雨平、陈炯明、胡毅生各带一路。

可是香港总部来电告知，已来不及在起义前率众赶到。这样，另三路就有帅无兵，难以发动，只剩黄兴一路了。

一路也要战！

此役已非起义，而如同大暗杀，人数多少已不算一回事了，反正是没有胜利的战斗！

4月27日，黄兴一路百余人集结一处。下午4时，黄兴下令每人发大饼一个，毛巾一方，以及枪械炸弹，让所有人白布缠臂为标志。

朱执信本来有别的任务，见此情景，急忙剪去长衫下半截，也列队参战。

谭人凤正好刚从香港赶来，急对黄兴说：

"电报收到了吗？香港同志来不及赶到，让你们暂缓发动。"

黄兴正分发子弹，对谭人凤说：

"老先生别乱我军心了！现在我们不去打敌人，敌人就会来打我们了。"

谭人凤见劝阻不住，也要参战，从黄兴手里要了一支枪，可心忙手乱误碰枪机，"砰"的一声，枪响，众皆一惊，幸未杀伤人。

黄兴夺过枪，说：

"先生不行，还是不要参战了。"

让人硬拉走谭人凤送去陈炯明家躲藏。

下午5时30分，黄兴带队从小东门指挥部出发，直扑两广总督衙门。林文吹响了螺号，听到这战斗的号角，众勇士奋勇争先。

一路未遇任何阻击，黄兴率队冲入总督衙门，可进来一看，里面空空如也，方知中计。

黄兴下令放火，然后往外撤，当先撤出的林文见开来的巡防营，以为是预先约好前来响应的，上去招呼，反被击毙。

双方交火激战。

又有一支巡防营开到，见无响应的暗号，方声洞急开枪射击，把为首的军官温带雄击毙，而此人正是准备反正的同盟会会员。

又不知前去联系巡防营的姚雨平跑到哪里去了。

敌友难辨，也不辨了，一通射击，混战起来，硝烟弥漫，弹片纷飞。

黄兴一面令大部分人阻击围攻而来的巡防营，一面亲率四十几人往小北门方向冲杀，想接引城外的新军入城。

可是因为他已经下达不起义的命令，这次起义新军未接到通知，根本没准备。等听到城里枪响，见到火起，新军想行动时又没有子弹，也没枪机，又不见接济枪弹，难以发动。更重要的是北门墙上的清兵已经严阵以待，一排排枪口全对着营房。

黄兴率队刚冲出总督署，突遇一排子弹疾雨般袭来，身旁倒下去多人，被迫退回来。定睛看时，大队清军已封锁住去路。

原来内奸陈镜波把黄兴的作战部署告诉了张鸣岐。张鸣岐仍按四路部署防范，张网以待，而今见只有黄兴一路，急调另三路兵力赶来围攻。

黄兴见清军越聚越多，下令分路突围。

可突围谈何容易，数倍于敢死队的清兵已经形成铁桶似的合围，如同一群野狼围困住了几只猛豹，厮杀异常惨烈。

黄兴右冲左杀，弹无虚发，掩护身旁的人纷纷往外冲。等发现身旁战友已全突围而去，他又与别的战友相距甚远时，子弹也打光了。

借火光，他看见清兵正冲上来，机智地扑身倒地，躺在死尸中间，闭上眼睛。

大队清军从他身边冲了过去，黄兴知道大势已去，心中一阵绞痛，眼前一黑，昏死过去了。

右手的剧痛让他惊醒了，一看，血淋淋的右手不知道什么时候断了两个手指。

他借初露的晨曦向四外张望，遍地死尸，一片沉寂。他坐起来，把臂上的白布撕下来，缠在右手断指处。

然后起身迅速逃离现场，敲开附近一家小店，换了衣服，又包扎了断指，奔来河南一处秘密机关，见到女同盟会员徐宗汉。

伤痛、悲愤加疲惫，使黄兴又一次昏了过去。

等他被叫醒已天光大亮，是次日上午了。睁开眼睛，见床边除了徐宗汉还有赵伯先。

他一惊而起，问赵伯先：

"你怎么在这里？"

赵伯先苦笑一下，说：

"接到你们发动的电报，我和胡汉民好歹组织了二百来人乘夜轮赶来。今早晨到达，上岸后才知道你们苦战一夜已告败，城门又关了，我们无法进城，只得分批撤回。我来这里想打探一下消息，竟碰上了你！"

黄兴含泪叹道：

"其他同志必凶多吉少，实为我所累也。"

这次起义，革命军有五十七人战死，受伤被俘者二十九人，后全被处死，共八十六人英勇献身。

事后，同盟会会员潘达微把自家房子典押掉，买了一块墓地，收敛到七十二具烈士尸骨下葬。墓地红花岗改名黄花岗。此役故称"黄花岗起义"。

黄花岗七十二烈士墓

武昌起义

关于黄花岗起义失败的消息，孙中山是从美国芝加哥的报纸上看到的。在关注起义的时候，他度过了多少不眠之夜啊。现今，他只有焦急，对同志们充满了牵挂。于是立即给香港拍电报询问。

很快，胡汉民回电，告诉他黄兴、赵伯先等人脱险，孙中山才略感安慰。他对身边的人说：

"我们同志的血不会白流，此役之悲壮，感天地，泣鬼神，必唤醒国人对清廷之痛恨，待人人奋起之时，就是清朝覆灭之日。"

果然，在黄花岗起义之后，在四川掀起保路运动，引发了把清朝推向灭亡的武昌起义。

事情是这样的：在1911年初，清朝政府向英、美、法、德四国借款，外国人要抵押。身为邮传部大臣的盛宣怀也是个崇洋媚外的卖国贼。他给清政府出个馊主意，以铁路国有名义，把归商人经办的川汉、粤汉铁路干线的路权做借款抵押。

于是，清政府在5月颁布一道上谕："干路均归国有，定为政策"。

"上谕"传到四川引起群情激愤，川汉铁路股东代表们成立了保路同志会。并申明："川人之极端反对者，不在借款，而在借此丧失国权之款；不在路归国有，而在名虽国有，实则为外国所有。"

这样，保路运动从一开始就充满了强烈的反对卖国，维护国家主权的爱国主义色彩。

由于各县保路同志会相继成立，四川省总督王人文怕事情闹大，不可收拾，急向清廷奏请暂缓接收铁路。

可昏庸残暴的清政府以办事不力为名，把王人文革职，派来著名的刽子手赵尔丰继任四川总督。

赵尔丰走马上任后，强行接收铁路，并动用川款继续开工修路。这样更惹怒了川人，成都全市罢市、罢课以示抗议。

赵尔丰却把发起保路运动的人抓起来，还枪杀无辜群众，终于使保路运动发展成武装斗争。

从日本留学归来的同盟会会员龙鸣剑、王天杰趁赵尔丰血腥镇压群众时，联络会党，组织同志军，发起武装起义。

6月，在荣县很快组织起一支千人的同志军。

曾参加过黄花岗起义的吴玉章也从日本赶回家乡荣县，他早年也留学日本，和龙鸣剑、王天杰也算同学，又是同乡。

龙、王二人见吴玉章归来助力，甚为高兴，留吴在荣城为后援，二人率队去攻打成都。

同志军在仁寿附近与清军打了一仗，因武器不行，且战且退。

不久，与当地哥老会的队伍合兵一处，成立了东路民军总部，与清军转战在仁寿和成都附近。

东路民军起兵的消息，震动全省，各县纷纷起义响应，形成燎原之势。

赵尔丰这回慌了，急电告清廷。

清廷急调川汉铁路督办大臣端方率湖北军入川帮助镇压保路暴动。

湖北军西调，武汉空虚，为武昌起义创造了一个极为有利的条件。

开始主持武昌起义的是蒋翊武、孙武、刘公三人。

蒋翊武属于文学社，该组织是军队同盟会、群治学社、振武学社的联合体。主要发展对象是新军士兵。

孙武和刘公属于共进会，该组织最早成立于日本东京，领导成员是归国留学生，主要发展对象除新军，也包括学堂、会党。

在武昌起义之前，这两个组织在武昌的新军中已发展了许多成员。

在黄花岗起义之后，这两个组织决定发动新军起义，便派代表到上海，请同盟会的黄兴、宋教仁、谭人凤来武汉主持，可这三人一时都来不了。

他们又不想等待，便推举蒋翊武为军事总指挥、专管军事；孙武为军政部长，专管军事行政；刘公为总理，专管民政。凡重大事件，由三人集合大家共同商议决定。

领导明确后，他们召开了各部队代表大会，两个组织的重要分子几乎都参加了，约一百人。

会上通过了起义行动计划：

工兵营首先发难，占领楚望台军械所；炮兵第八标从中和门入城，攻击总督衙门；对其他部队也规定了明确行动目标和路线。

原定起义日期是10月6日，也就是阴历的中秋节。

可就在开会这天，驻在南湖炮队的几个革命士兵喝醉了，竟拉出炮要轰击总督衙门，引起清方惊恐，戒备加强了。

起义日期只得往后推迟。

10月9日中午又发生意外，孙武带人在汉口俄租界宝善里总部机关配制炸药，不慎爆炸失火，孙武烧成重伤，被送进医院；刘公的弟弟刘敦想带走旗帜、文件等物，却被赶来的巡警逮捕。

刘敦在清方威逼利诱下招供，把自己知道的全说了——幸好他不知道起义的具体计划。

清方按刘敦说的，开始大搜捕，在武昌小朝街军事指挥部里的蒋翊武在同伴掩护下逃走，而同伴刘复基、彭楚藩、杨宏胜被捕，英勇就义。

这样，起义指挥部等于被连窝端掉了。

可就在蒋翊武等人没遇险之前，已向各部队下了夜里12点起义命令，只是因为南湖炮队一处命令没送到而耽误。

10月10日，武昌全城戒严。

单说工程兵第八营总代表熊秉坤和共进会员程正瀛、金兆龙，他们昨天下午已经接到起义命令，可一夜过去，未听见炮声，自是万分焦急，不知出了什么意外。

等到10日上午才知道指挥部出了事。他们感到极大不安，万一名册被敌人搜去，将会使许多人被砍头！

决不能再等了！

三个人冒险通知各队代表：中午饭后在饭厅待命。

饭后，熊秉坤立即向各队代表宣布：

"奉总机关命令，今晚起义。让我们以黄花岗七十二烈士为榜样，干一番惊天动地的大事业吧！弟兄们，别忘了，袖子上要缠一条白手巾做标记。"

晚7时，排官（排长）陶启胜来营房点名，可能是他听到什么风声了，还要检查枪里有没有子弹。

当查到程正瀛时，枪膛里果然有子弹，陶启胜厉声问道：

"你小子想造反吗？"

话刚出口，旁边的金兆龙一枪托砸在陶启胜脑袋上，把他打倒在地上，喊道：

"造反就造反，弟兄们，动手啊！"

士兵们纷纷叫喊着，抓起枪，冲向门外，有一个士兵还扔爆一颗炸弹，以壮声势。

炸弹声引来工程营的革命士兵，在熊秉坤的带领下冲向楚望台的军械库。

军械库的守兵奋起响应，打开大门，两支队伍会合，每人都得到了崭新的步枪，带足子弹，然后队伍按计划分别冲向中和门，抢占制高点；冲向总督署、八镇司令部、警察署、电报局等目标。

从熊秉坤的工程营打响第一枪起，第二十九、第三十步兵团、地形测绘军事学校、南湖炮队相继加入了起义行列。

一开始，起义军进攻迅速，很快控制了中和门。但由于举事仓促，真正的指挥官没到场，大部分士兵群龙无首。

熊秉坤只能调遣工兵营，别的部队不听他的。由于指挥不利，总督署和八镇司令部久攻不下。

熊秉坤焦急之时，见巡逻队押来一个军官，认出是守军械库的队官（连长）吴兆麟，便请吴兆麟担任总指挥。

吴兆麟不是革命党人，可知道丢掉军械库也罪责难逃，索性也就同意造反了。

有吴兆麟统一指挥，起义军战斗力加强了。

这时，城外的炮八标从中和门入城。炮八标共有八百人，山炮多门，队官等人不缺，建制完整，是起义军各部力量最强大的一股。

炮八标入城后，起义军与清军力量上就差不多了，更重要的是山炮火力猛烈，很快占据城门和蛇山等阵地，向总督署发炮轰击。

一顿排炮狂轰，总督署成了一片废墟。湖广总督瑞澂逃往停泊江面的军舰，第八镇统制张彪率残部渡江退到了刘家庙车站。

经过一夜激战，起义军完全控制了局势。

次日，同武昌隔江相对的汉阳和汉口随即光复。

由于吴兆麟的作用，起义军拉出躲藏起来的新军第二十一混成协协统（旅长）黎元洪当都督，主持局面；因为吴曾是黎的部下。

黎元洪初不肯上任，可见革命之势日盛，便答应就任，并很快神气起来，先后逐走对起义有大功的孙武、蒋翊武，把大权抓在自己手里。

10月28日，黄兴从香港经上海来到武汉，被推举为革命军总司令。

到11月下旬，仅仅一个多月的时间，全国二十四个省区已有十四个省宣布独立，清王朝已处在风雨飘摇之中。

人们都在盼望着孙中山早日回国，主持大计。

任临时大总统

在革命的大风暴中，清王朝已陷入土崩瓦解的危局，可它还要做最后的垂死挣扎。

此时，西太后和光绪皇帝都死了，由隆裕太后垂帘听政扶持个小皇帝溥仪，号称宣统。

在英国人的支持下，清王朝又重新搬出了袁世凯，企图让袁扭转乾坤。

袁世凯是继李鸿章之后又一大卖国贼、大军阀，因他能卖国，故深受洋人、特别是英国人青睐。

1901年李鸿章临死前，推荐袁世凯继任直隶（河北）总督和北洋大臣。此前他是山东巡抚，卖力地镇压过义和团。

1908年袁世凯被罢官回乡，主要原因是光绪皇帝的弟弟载沣摄政后要为光绪报仇。光绪是因戊戌变法而被囚，而出卖他和谭嗣同等人的正是袁世凯。光绪临死前亲自写了"必杀袁世凯"的手谕放在砚台盒里，所以他弟弟载沣才要除掉袁世凯。

载沣本想杀了袁世凯，可怕他手下北洋六镇的官兵造反，才借口袁有脚病，让他回家养病。

现今形势危急，清王朝决定利用袁世凯在北洋军中的威望来平息"乱党"。

袁世凯于是得到前线指挥军事全权，率兵南下，与以黄兴为总司令的湖北革命军大战。

时任武昌革命政府都督的黎元洪吓坏了，偷偷与袁世凯议和，在军事上又搞小动作，制约黄兴，使黄兴指挥的革命军受创惨重。

黄兴因黎元洪不配合他，愤而辞去总司令之职，回了上海。

袁世凯知黄兴一走，立即停战不打了，派出议和代表唐绍仪去上海与革命党谈判。

袁世凯还拉拢汪精卫帮助唐绍仪，在革命党中鼓动议和。

汪精卫跟随孙中山组织过几次起义，没有成功，就自己带几个革命青年潜入京城要刺杀摄政王载沣，事败被捕，本来是要被砍头的，可袁世凯知道后偷偷让人把他放了。因为载沣是袁世凯的死敌。

袁世凯心知肚明，清王朝是利用他，一旦他打败了革命军，他就会再次被一脚踢开，甚至被砍头。所以，他左右开弓，借革命恐吓清政府，以获得更大权力；又借清政府的军队威胁革命党人，迫使他们妥协。

这就是孙中山回国之前的主要形势。

孙中山在报纸上得知武昌已被革命党占领，随后又接连获知一些省相继独立，他知道清王朝灭亡已指日可待，成立中华民国已为时不远了。

他于是电令黄兴赴湖北任革命军总司令，以抗击清军的反扑，又电告胡汉民、朱执信加紧策动广东光复。

他自己却未急于回国，而是开始外交活动，想争取到各国对革命党的支持。他担心中国革命会像太平天国那样，在帝国主义的干涉下半途而废。

他的外交结果是：

日本对中国革命不冷不热，持观望态度。孙中山想访问日本，日本政府让他改名，不然还不让入境，他只好在纽约拜访日本的领事。

美国政府对中国革命持敌视态度，《纽约时报》甚至公开认定：只有袁世凯是唯一能将和平与秩序给予中国的人。

英国外相格雷则公开表示支持袁世凯做大总统，而英驻清公使朱尔典一直忙着向清政府施压，要求把政权移交给袁世凯。

尽管这样，英外相格雷还是口头上答应了孙中山三个要求：

一、止绝向清廷一切借款；二、制止日本（可能）援助清廷；三、取消各处英属政府（对孙中山）放逐令，以便他取道回国。

在英国的作用下，四国银行团停止向清廷贷借款——这也是英国迫使清政府妥协袁世凯的一个重要条件。

孙中山外交还有一个重要目的，就是想得到各国财力的支持，但收效甚微。

法国虽然同情中国革命，但说要办贷款必须在中国新政府成立之后。

跑了这一圈外交，孙中山心里有底了。于是在1911年12月21日回到香港。

胡汉民、廖仲恺等人乘兵舰到香港迎接。这时广东已光复，胡汉民任广东都督。

见到孙中山，胡汉民对下步行动说出自己的主张：清政府人心已失，所依赖的就是袁世凯手中的数万兵力。而袁其人狡诈不可信，中山先生应留在广州，以广东为根据地，整训军队，然后举兵北伐。如果中山先生去上海，势必被拥戴为大总统，但无兵可用，号令难行，实难与袁对抗。

可孙中山不同意胡汉民的建议，他认为目前国内最大问题是无政府，只有先成立了革命政府，才能向外国贷款，有了雄厚的财力才能与清廷和袁世凯对抗。

他还说："等到政府成立，如果袁世凯真的迫使清廷皇帝退位，赞成共和，我就把总统职位让给他。"

他有此想法，因为已摸清了洋人的底，想利用袁世凯反清，迅速以和平方式达到推翻清王朝的目的。

就这样，胡汉民为辅助孙中山，让陈炯明代理广东都督，他随孙中山同船赴上海。

1911年12月25日，在海外流亡十六年的孙中山终于回到了自己的祖国——上海，他受到了黄兴、陈其美、黄宗仰、汪精卫等人和各界代表的热烈欢迎。

下船后有许多记者围拢，有的记者问：

"先生此次回来从国外带回多少钱啊？"

只因革命党人为壮大革命声势，在报上吹牛吓唬清廷，说孙中山归国将带回战舰十八艘，还有巨款，所以记者才这么问。

孙中山不慌不忙地答道：

"我一分钱没带，所带回来的是革命之精神！革命之目的不达到，无和议可言！"

孙中山回到上海的消息传出后，独立的各省纷纷来电表示欢迎。在南京的"各省都督府代表联合会"也派景耀月、王竹怀、王有兰等人于12月26日晚专程赴上海欢迎，其中的马君武早在上海。

孙中山一下船就表明不议和的态度，但他却被议和气氛包围着。他回上海第二天，即12月26日，便召集同盟会在上海的领导开会，密商组织统一的中央革命政府问题。

与会者有黄兴、胡汉民、汪精卫、陈其美、张静江、马君武、居正、宋教仁等人。

关于成立政府众人没异议，而对政府采用总统制还是内阁制发生激烈争论。

宋教仁主张内阁制，而孙中山主张总统制，与会者多数支持孙中山。

黄兴最后调和：待到南京与各省代表商酌后再行决定。宋教仁才不再坚持。

会上决定举孙中山为大总统，让马君武负责在《民立报》上予以披露，并分头与南京各省代表打招呼。

会后，宋教仁连夜乘车去了南京。

27日，黄兴也乘专车赶来南京。

27晚，在江苏谘议局召开各省代表会议，提出三项议案：

1912年元旦，孙中山就任临时大总统。

一、改用阳历；二、起义时用黄帝纪元，今应改为中华民国；三、政府组织形式采用总统制。

对第一、二项议案全体赞成，对第三项宋教仁仍坚持内阁制，可多数人赞成总统制，于是此项议案也通过了。

12月29日，各省代表正式选举临时大总统，到会者十七省四十五人，每省一票。候选人孙中山、黄兴、黎元洪。选举结果：孙中山十六票，黄兴一票。

为何在大总统之前加上"临时"呢？

因为袁世凯派来的议和代表唐绍仪扬言，如南方各省能推举袁世凯当大总统，袁就会赞成共和，所以代表们决议把大总统一职暂时留以有待，也就是给袁世凯留一个希望。

需要指出的是，在各省代表中不全是革命党人，还有以前与革命党作对的立宪派人。选举之后，立即决定派人去上海接孙中山到南京就职。

1912年1月1日上午10时，孙中山乘专列由上海来南京，沿途受到热烈欢迎。

由于把他的专列车厢调到通往城内的铁轨上，他未坐汽车，直接就赶来总督衙门车站。

下午6时15分，孙中山在总督衙门车站下车，来到总督衙门、曾是太平天国天王府的临时大总统府，由黄兴、陈其美和海军代表护送入府。

当晚，举行庄严而朴素的大总统就职典礼。典礼开始时，鸣礼炮二十一响。孙中山亲自宣读《临时大总统誓词》：

倾覆满洲专制政府，巩固中华民国，图谋民生幸福，此国民之公意，文实遵之，以忠于国，为众服务。至专制政府既倒，国内无变乱，民国卓立于世界，当列邦公认，斯时文当解临时大总统之职。谨以此誓于国民。

孙中山正式就任临时大总统的当天，就发布了《临时大总统就职宣言》和《告全国同胞书》。

宣言发布后,孙中山下令定国号为"中华民国"。

次日发布《改历改元通电》,规定:"中华民国改用阳历,以黄帝纪元四千六百九十年即辛亥十一月十三日,为中华民国元年元旦。"

1911年临时大总统与各省代表合影

被迫让位

　　孙中山出任临时大总统的消息传到袁世凯耳朵，把袁世凯气得七窍生烟。他本来得意自己手段高明，可稳坐总统宝座，孙中山却捷足先登，让他如意算盘落空。

　　他当然不能善罢甘休，苦思苦想之后，他采取了以下对策：

　　一、电令责备唐绍仪超越职权范围，达成了他不能承认的协议。在孙中山就职的同一天，电令唐辞去代表职位。

　　二、密令他的党羽冯国璋、段祺瑞等四十八名北洋军将领联合电告南方谈判代表伍廷芳，极力反对南方共和政府。

　　三、他紧急拜会英国公使朱尔典，请求外国列强的援助。朱尔典表示西方大国不会承认孙中山的共和政府，因为共和思想日盛，必然导致排外思潮更加泛滥。还表示英国正建议四国银行团向袁世凯提供财力援助。

　　与英国公使朱尔典谈完，袁世凯心里有底了，于是有恃无恐地去威逼清廷，软硬兼施，又搞到手八万两黄金，答应出兵去剿灭孙中山临时政府。

　　转过头，他又开始向孙中山施压。

　　孙中山接到冯国璋、段祺瑞、张勋等四十八名北洋将领签名的通电，不禁怒火中烧。他对身边的胡汉民说：

　　"袁世凯真是卑劣无耻，竟对我们进行武力恫吓，我以前还对他抱有幻想，真是太天真了。这次停战期满，我准备发兵北伐，先灭袁世凯，再推翻满清王朝！"

说完让胡汉民去叫来黄兴，共商北伐大计。

黄兴已被任命为临时政府的陆军总长，连日操劳，人消瘦许多。他听了孙中山北伐的打算后，苦笑着说：

"用我们自己的力量把清王朝推翻，这当然好，但要北伐，我们士兵缺少棉衣，而枪弹和军饷也都没着落，困难实在不少啊。"

说到钱，孙中山不由微皱了一下眉头。他知道财政匮乏到了极点。各省一分钱也不给。海关税由于操持在洋人手里，也得不到。

于是，孙中山把刚刚想到的办法说了出来：

"我准备和财政部门商量一下，让他们把两淮盐税缴上来的那笔款子拨作军费。另外，我们还可以把接收的大清银行改为中国银行，立即发放公债应急。"

顿了顿，又说：

"先打一打袁世凯的嚣张气焰是必要的。"

不久，北伐军由姚雨平、柏文蔚统领进攻皖北重镇——固镇，经过激战，把张勋的辫子军打溃，把张勋赶到徐州去了。可是，北伐军粮饷接济不上，只好暂停作战。

北伐军连连获胜，袁世凯却不恼反乐，一边吃着火锅，一边与亲信徐世昌亮出底牌：

"这个孙大炮已经中了我的计，我让冯国璋他们通电，就是要激怒他。他的民军败了，算是对他的惩戒；胜了，我也可以借此威逼清廷早点断气。哼，反正和民军拼命的也不是我的北洋军。"

徐世昌急忙说：

"革命党早有言在先，谁推翻清廷，谁就是开国元勋，可当上大总统，不然孙文何以加'临时'二字，那是给你留的高位呀！"

袁世凯得意地摸摸胡子，阴险地说：

"清廷那帮人刀不架在脖子上他们是不肯认输的。"

再说孙中山又遇到不少麻烦。

北伐军缺粮、缺饷、缺枪弹，还缺兵员。湖北、湖南拥有军队，可不派一兵一卒，表面上的文章做得不错，就是不予实际上的支持。

为了筹集军饷，临时政府紧缩开支，从孙中山到公务员一律每月只发给财政部发行的三十元军用券（市场上多还不认）。

就这样军饷还是不够，孙中山就让盛宣怀（已跑到日本一家公司当了总经理）牵线，向日本借款，以盛宣怀公司作抵押，由日本以年息八厘借给南京政府五百万元，一年内本息还清。

可这事却惹出麻烦，因盛宣怀名声太臭；以前在清廷为官干了不少缺德事，临时政府与他合作，引起上海、湖南、江西、湖北、四川等地舆论指责。

那些孙中山的反对者趁机大做文章，报纸上竟登出了《打倒卖国的孙文政府》《孙、黄丧权辱国，违法乱纪必须追究》等文章，一时谣言四起，人心惶惶。

而坐镇武昌的民国副总统黎元洪又致电孙中山，指责政府不应用湖北矿产抵押借债，声言要与临时政府脱离关系。

还有十几份各省参议员写来的辞职书，也让孙中山为之烦恼。

没办法，孙中山只好通知财政部把收到的二百万日元作为私人借款处理，又通知参议院议长林森取消中日合办公司的决定。

财路断了，北伐只好暂时搁浅。

汪精卫一直与袁世凯在背后勾勾搭搭，他把孙中山的困境一五一十转告了袁世凯。于是袁世凯加紧逼宫，为扫除障碍，他让汪精卫找人炸伤清廷的重臣良弼，对清廷恐吓说革命党就要打过来了，连京城里也潜伏了许多革命党。如果谁反对清帝退位，就炸死谁。这样就吓住了那些王公大臣。

然后，袁世凯又让北洋军装作回师京城的样子，说清帝再不退位，

军队也要造反了。

这些都是硬的，软的就是答应清帝退位后，尊号不废，民国政府以待外国君主之礼相待，一年拨给四百万两银花销，侍卫宫女照常留用，宗庙陵寝由民国如制妥修。

1912年2月12日，在袁世凯软硬兼施的逼迫下，清帝退位，宣告了这个统治中国二百六十八年的封建王朝的覆灭。

孙中山很快收到了袁世凯的电报，被告知清帝已退位，他回电袁世凯将辞去临时大总统职务，要求袁世凯答应一旦被选为临时大总统，必须宣誓遵守参议院制定的宪法。

袁世凯心怀鬼胎，表面上一切都答应得很漂亮。

孙中山还是不放心袁世凯，遂与黄兴、胡汉民等人反复商讨制定了《中华民国临时约法》，决定改总统制为责任内阁制，定都南京。这样至少可以减弱袁世凯拥有的北方势力，并用法律给袁以制约。

2月15日，临时政府召开了第二任临时大总统选举会，十七省议员每人一票，结果袁世凯以满票当选。

大会随后致电袁世凯当选消息，并请袁世凯到南京就职。

袁世凯老奸巨猾，怎么也不到南京就职。临时政府遂派蔡元培、汪精卫、宋教仁到北京敦请，可袁世凯当夜搞了一场假"兵变"的把戏，把三人吓跑回南京。

临时政府再次妥协，允许袁世凯在北京就职，政府也迁都北京。

3月10日，袁世凯在北京宣誓就任临时大总统。

4月1日，孙中山正式辞去临时大总统职务，共任职九十一天。

4月2日，临时参议院又通过将临时政府迁往北京的决议。

孙中山让位给袁世凯，是近代史上重大事件。他让位的主要原因应归纳为：

一是他在回国前就摸清了外国人的底，担心与袁世凯僵持下去会引起外国的武装干涉，那样不但清政府不能推翻，临时政府还难留存，让位可以使清王朝灭亡，避免生灵涂炭。

二是临时政府财力匮乏，无法与袁世凯对抗。

三是各省持观望态度，对临时政府不给实际上的支持。

四是革命党内部分裂，反对派实际上帮助了袁世凯。

五是孙中山崇尚"君子政治"，而搞阴谋、玩权术，他非袁世凯的对手。

任铁路督办

孙中山让位给袁世凯，可他在任期间的功绩是谁也否认不了的，尽管时间是那么短暂。

在立法建制方面，制定了《修正中华民国临时政府组织大纲》和《中华民国临时政府中央行政各部及其权限》。

在整饬军队方面，颁布了《南京卫戍条例》《南京卫戍分区司令官条例》《陆军部军衡局关于人员职守及办事细则暂行章程》《陆军部陆军军官学校教育方针》《陆军暂行给予令》等等。

在建立参议院和改革旧的并建立新的司法制度方面，孙中山也花费了大量心血。

在保护人民权利方面，通过立法程序制定出资产阶级民主共和国的根本大法——宪法。孙中山还下令严禁贩卖人口，保护华侨利益，通令改变所谓"贱民"的身份，允许他们享受一切公私权利。同时宣布赋予广大妇女以同男子完全平等的各项权利。

在革除社会恶习方面：

严禁鸦片。

改变称呼。孙中山认为官吏应是人民"公仆"，不能称以"大人"、"老爷"。

限期剪掉辫子。限二十天剪掉辫子，有不剪者按违法论处。

禁止赌博。

禁止缠足。下令各省，已缠足的令其必放开，未缠者决不可以再缠。

废止跪拜。改跪拜礼为鞠躬，普通相见——鞠躬，最敬之礼三鞠躬。

在树立新风方面，孙中山以身作则，树立起廉洁奉公的新风。扫除了旧官场讲排场，摆架子的恶习。

孙中山衣装朴素，春秋时穿一套灰色民国服，到冬天在外面加一件粗陋的呢大衣。一次他去开会，警卫不让他进，说："今天孙大总统要来这里，闲人免进。"孙中山说："孙大总统也是一个普通人。"直到迎接的人来到，孙中山才进入。

孙中山在总统府和别人一样吃食堂，他常吃四角钱左右的豆芽之类的素菜。一次南北议和代表伍廷芳、唐绍仪来与他谈话至深夜，他留二人用餐。唐绍仪见只是几个普通的菜，平时吃惯佳肴的他觉得难以下咽，又不好退席，就谎称是自己吃斋日，草草吃一点就急忙放下筷子。

孙中山当临时大总统不久，广东都督陈炯明提出辞职，广东党政军各社团向孙中山发来一百多封电报，要求任孙眉为广东都督，连孙中山身边许多人也支持此议。

因人们都知道孙眉对革命有很大贡献，在檀香山时家资丰厚，可为支援革命而倾家荡产，后不得不迁居香港九龙种地为生，仍积极参加革命活动。

但孙中山却电复各界予以婉拒，并亲自给哥哥孙眉去电劝阻。孙眉对此事很不满意，孙中山后来回翠亨村时，孙眉闭门不见他，孙中山在门外长跪不起，终令孙眉感动，才原谅了他。

摆脱了哥哥任职之事，妻子卢慕贞带着两个女儿孙瑗、孙琬、侄女孙霞从南洋来到南京。她们本想与当上临时大总统的孙中山在一起过幸福的日子，可孙中山在她们呆了二十多天后，就打发她们回翠亨村了。他不想用职权为自己谋一点特权，搞一点特殊。

除上述外，在财政制度、发展实业、文化教育等方面，孙中山也事

1912年5月27日，孙中山在故乡与家人合影。

必躬亲，费心劳神。

孙中山让位之后，他和黄兴在政治方面都很消极。黄兴有"功成身退"之意，而孙中山认为清王朝已经推翻，中华民国已经成立，革命已经完成，接下来的任务是如何让国家强盛起来。

他的三民主义中民族、民权已经实现，唯有民生主义还要实行。

他认为强国必须办实业，而交通为实业之母，铁道为交通之母。因此，他决定首先从修筑铁路入手，把建筑铁路看成发展中国财源第一要策。

正是为了这一目的，孙中山从解职总统后的第三天，即4月5日，就兴致勃勃地带胡汉民等人考察各省，进行民生主义和"社会主义"的宣传活动，也是对铁路情况进行考察。

4月中旬，孙中山在武昌各界民众露天大会上发表演讲，建议建造长江大桥或凿通隧道，使武汉三镇连成一片。

6月中旬，他在上海与黄兴商量并草拟出一份修筑铁路的计划。这计划是他为中国精心绘制的一幅雄伟的铁路建设蓝图，他为此查资料，请教外国专家，花费了大量心血。

袁世凯对孙中山、黄兴的一动一举都了如指掌。听说孙中山积极奔走在搞什么铁路强国，袁世凯就对身边的亲信说：

"他搞什么都行，只是不要搞我。我可以成全他啊。"

1912年9月9日，孙中山正式接受袁世凯政府的任命，担任全国铁路督办。

他受命之后，更加发奋，日夜筹思，积极钻研铁路工程资料，规划铁路建设，继续进行建筑铁路方面的宣传工作。

同年秋，又先后考察了华北、华中的北宁、津浦和胶济等铁路线。

10月初回到上海，14日正式成立中国铁路总公司，又设立了铁路督办办事处，进行统筹安排。

同时，他完成了全国各地干线分布的设计，并着手筹措经费。

冬季，他又奔走于江苏、安徽、江西、浙江等省，不辞辛劳地向各界宣传他的筑路主张。

年底，孙中山在杭州一个特别欢迎会上演讲时，正式提出了：节制资本。

他把"平均地权"、"节制资本"、"铁路国有"、"教育普及"列为民生主义的"四大纲"。在他看来，只要实行这"四大纲"，中华民国就会变成社会主义国家。

他还大胆地提出，在不损害国家主权的条件下，借六十亿元外债，兴建二十万里铁路的计划。他认为国家欲兴大事业，而苦无资本，则不能不借外债，借外债以营不生产之事则有害，以营生产之事则有利。

1912年时的孙中山

孙中山每到一地游说宣传，都会

受到热烈的欢迎，人们可能不接受他筑路宣传，但却接受他这个人。

袁世凯在第一个双十节发布授勋令，授孙中山以大勋位，授黄兴、黎元洪、唐绍仪、伍廷芳、段祺瑞、冯国璋以勋一位。

孙中山得知立即致电袁世凯，让袁收回成命。等到袁世凯派人为他送来勋位证书，他仍然固辞不受，并给袁世凯写信说明不接受的理由，然后连信和勋位证书让人一并送交袁世凯。

黄兴也拒绝接受授勋，为避授勋，于前几日从上海乘船回湖南故乡。船到江心，诗兴大发，便赋诗一首：

卅九年知四十非，
大风歌好不如归。
惊人事业随流水，
爱我园林想落晖。
入夜鱼龙都寂寂，
故山猿鹤正依依。
苍茫独立无端感，
时有清风振我衣。

宋教仁之死

1913年2月11日，就在解职快一年时，孙中山启程去日本访问考察。

他这次是以中华民国前总统、"全国铁路督办"的身份堂堂正正前往日本，随员有宋嘉树、马君武、何天炯、戴季陶等。

孙中山一行是从上海乘船前往日本的。

上船后，孙中山感到有些疲倦，他的英文秘书宋霭龄（宋庆龄之姐）劝他睡一会儿，可他怎么也睡不着。

宋霭龄就说：

"先生，你好像有什么心事，还是身体不适？"

孙中山笑了笑，说：

"你忙去吧，我只是觉得有些累了，没事的。"

其实孙中山一直心怀隐忧。

他让位给袁世凯不到一年，可袁世凯上任后所作所为实在让他放心不下。

表面上袁世凯对他恭敬有加，两人交谈时对他说了许多赞美的话，可在背后，袁世凯却不择手段地减弱和削掉革命党的势力。

干得最明目张胆的就是迫使首任总理唐绍仪辞职和杀害张振武、方维。

唐绍仪原是袁世凯派到南京议和的代表，后来受孙中山等人革命思想的影响，加之认识到袁世凯的奸雄嘴脸，转而倾向革命党，在孙中山、黄兴的举荐下当上了首届内阁总理。

张振武乃是武昌起义的功臣，曾任武昌政府军务司副司长，方维是他手下将校团团长。他们都是黎元洪的反对者，是坚决的革命党。

袁世凯上台后做的和说的越来越不一样，倒行逆施，激起了南方许多革命党人不满，甚至出现几次兵变，都被武力镇压下去了。

1913年时的孙中山

对武昌发生的兵变，黎元洪调查认为是张振武、方维在幕后主使，便电请袁世凯把二人除掉。

袁世凯知道黎元洪担心引起更大的兵变，才假手于他，所以下令调张振武任蒙古调查员。等张振武、方维到京城准备转到蒙古上任时，他下令把二人逮捕枪毙了。

此案发生，革命党人立即变得紧张起来。同盟会内部分成两种态

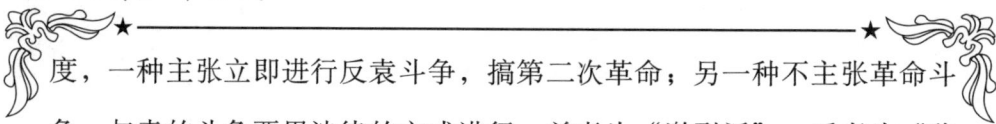

度，一种主张立即进行反袁斗争，搞第二次革命；另一种不主张革命斗争，与袁的斗争要用法律的方式进行，前者为"激烈派"，后者为"稳健派"。

稳健派的代表人物就是宋教仁。

孙中山苦思苦想之后，认为还不到武装反袁的时候，对付袁世凯能不动武最好不动武，所以他对激烈派不予支持。

为平息事端，不想让革命党在激烈派的鼓动下做出无谓牺牲，他应宋教仁之邀北上调和。借此机会，出席了组建国民党成立大会。

组建国民党是孙中山示意宋教仁进行的。因为孙中山知道，要避免和限制袁世凯的独裁统治，最好的办法就是建立一个较大的政党，实行"政党内阁"与袁进行合法的正面抗争。

而他已经对同盟会不抱希望，内部的分裂让他感到寒心。同时他认为同盟会倡导的革命精神，也不适用于政治斗争。

在孙中山、黄兴的支持下，宋教仁积极奔走游说，终于在1912年8月把统一共和党、国民共进会、国民公党、共和实进会等四个小政团与同盟会合并，改称国民党。

在国民党成立大会上，推选理事九人，孙中山被推选为理事长；黄兴、宋教仁、王宠惠等为理事。胡汉民等二十九人为参议，此外还有名誉参事七人，各部干事三百余人。到后来，很多国会议员、内阁成员、各省代表和专员，都被吸收为党员或干事。

孙中山因为怕袁世凯怀疑他，而影响他搞铁路建设，不久，就委托宋教仁代理理事长，全权负责国民党党务。

国民党是个大党，在第一次国会选举时大获全胜。宋教仁又开始为成立"政党内阁"而奔走呼号，大造舆论。

恰在这时，孙中山决定到日本考察，其用意是远避国内的政治斗争。

孙中山感到隐忧：他虽然对宋教仁和自己的国民党有信心，却担心合法斗争对袁世凯未必管用。对于手握军权的总统，法律又是什么？

而如果法律不能制约袁世凯，那怎么办？

2月13日早晨，孙中山一行到达日本长崎，受到空前热烈的欢迎。他的一些旧时好友、中国领事、华侨、华商、各报记者、长崎市长及政府一些官员纷纷聚来。因为要赶去东京专列，他们稍事逗留便登车离开长崎。

当专列路过神户时，孙中山对身边的人说：

"二十多年前，我曾在此地山麓处居住过，究竟是现在的哪里，已记不太清楚了。人们常说日本是我第二故乡，可那时我连第一故乡也没有了。那时我以漂泊之身，浪迹天涯，所到之处还需防暗探跟踪。现在想起这些，更觉祖国对于一个人是何等重要啊。"

14日晚8时，孙中山一行到东京，前来车站欢迎的有两千多人，其中包括日本政府高官及一些著名人士。欢迎之热烈，仪式之隆重，可以说是空前绝后。

接下来，孙中山在日本开始一系列访问考察，值得一提的是以下活动：

一、他与日本首相兼外务大臣桂太郎晤谈。桂太郎是一位有远见卓识的政治家，他预言：袁世凯不是民国忠实的政治家，迟早会成为民国的敌人、孙中山的敌人。还表示，等孙中山修完铁路，若再从事政治，日本政府一定全力相助。可是两个人谈完话没几天，日本闹政治风潮，桂太郎内阁辞职。桂太郎也在同年10月病逝。

二、他与日本第一银行总裁、三井物产公司董事长涩泽营一晤谈，并拟订中日合办中国兴业公司计划草案。

三、出席在惠州起义的日本志士山田良政的追悼大会，并撰写碑文。

四、与日本新任首相山本权兵卫晤谈，对日本各界的欢迎表示感谢，并表示中日两国友好的愿望。

3月23日，孙中山和随行人员正准备去出席长崎市长的欢迎酒会，宫崎寅藏神色紧张地来到他的房间，把手里的电报递给他，说：

"黄兴急电，国内出事了。"

孙中山接过电报一看：

"钝初（宋教仁字）20日晚在上海车站遇刺，经抢救无效，于22日晨逝世。"

孙中山脑袋"嗡"的一下，怔住了。

前几天，他还接到宋教仁的来信，告知工作进展顺利，可突然闻此噩耗，这怎不让他震惊！

他把电报慢慢地、下意识地死死抓握在手心里，愤怒、悲痛和仇恨使他低沉而坚定地吐出四个字：

"立即回国！"

二次革命

1913年3月27日，孙中山一行从日本回到上海，孙中山一下船，就问来码头迎接的黄兴说：

"凶手查到了吗？"

黄兴点了点头，压低声音说：

"查到了。"

码头上人多耳杂不便多谈，黄兴等人就把孙中山接到了黄兴的寓所。

来到黄兴寓所，孙中山匆匆洗了把脸，就到二楼小客厅与众人议事。在场的除黄兴，还有胡汉民，陈其美等人。

见孙中山坐定，黄兴又说：

"钝初遇刺后，我们悬赏一万，捉拿凶手，果然有效。前两天英法租界分别捕获了指使者应桂馨和凶手武士英。应桂馨是上海滩一个有来头的流氓，武士英是个退伍军官。"

孙中山打断黄兴的话，说：

"他们与钝初有什么深仇大恨？是不是背后有什么人？"

黄兴说：

"巡捕在应桂馨家中搜查出密电文一本，函电两包，皮箱一个。在这些函电中有相当一部分是北京内务部秘书洪述祖打来的。

"这洪述祖与袁世凯关系密切，他是袁世凯第六房姨太太的哥哥。我们还查明，应桂馨当上的这江苏巡查长职位是洪述祖推荐的。

"上海地方检察厅根据收到的电函到电报局查阅洪、应两个人最近往来的电报底稿，经过校译，发现了凶犯犯罪的重要罪证。"

黄兴说完，从文件柜里取出一叠抄件，递给孙中山。

孙中山认真看过，气愤地摔下手里的抄件，骂道：

"简直是卑鄙无耻！"

1913年春，孙中山在宋案发生后从日本返回上海，与黄兴等商讨反袁大计。

胡汉民在一旁说：

"显而易见，罪魁祸首就是袁世凯！宁调元曾经致电给我，说总统厉行暴民政治，意志即是法律，喜怒即为赏罚，好恶即为贤不肖，致先烈头血未寒，而共和已归破坏。袁氏残暴狡诈，人前伪装，背后下黑手，张振武、方维他尚不能容，钝初他更不能放过！"

孙中山叹了口气，说：

"钝初之死，我有不可推卸的责任。向袁世凯妥协是我们一个大错误。去年担任过我秘书的柳亚子曾在报上撰文说：孙退袁兴，旧势力完全存在，革命实在太不彻底，且卧榻之侧，任人鼾睡，必无佳果。不幸竟被他言中了。"

说着眼中已是泪花闪闪，又说：

"我居然被袁氏花言巧语蒙骗，忘记了他奸雄的本性，现在他终于暴露了丑恶的嘴脸，我敢说，他很快就会对我们再下杀手。

"同志们，咱们不能一错再错了，要趁他尚准备不充分之时，先发制人，立即动员南方五省宣布独立，起兵北上讨袁！"

说完，逐一扫视在座的几个人，期待他们的响应。

沉默了一会儿，黄兴先开口了，说：

"现在全国都在声讨凶手，我们手里又有证据，完全可以通过法律把袁氏的阴谋揭露出来。那样，在即将召开的国民大会上我们会得到有力的支持，进而组织内阁，挟制袁氏。"

孙中山却说：

"克强（黄兴的字），我们别再幻想与袁世凯搞什么政治斗争了。钝初的悲剧还不能让我们猛醒吗？总统指使暗杀，这绝不是法律所能解决的，所能解决者，只有武力！唯今之计，只有起兵，而且越早越好！"

胡汉民面露难色，说：

"先生，我们的力量已经不比两年前了。那时我们有十多万军队，却因缺乏饷械而难与北洋军抗争；而今我们可用之兵不足五万，袁政府财雄势盛，又有列强撑腰，真打起来，我们难有胜算。"

孙中山说：

"以前我也是这么想，但现在看越忍越对我们不利！钝初之死，举国皆愤，袁氏阴谋，昭然若揭。民心尚可利用，此际发难定会一呼百应而成燎原之势。"

没人再发言，用沉默来抵制他的提议。

沉默半天，黄兴说：

"先生刚刚回国，旅途劳累，今天先议到这里，明天再说吧。"

孙中山回到自己的住所，夜不能眠，心如火焚。想到宋教仁，往事历历在目，不由悲愤难抑，到书房铺纸运笔写了一联：

作民权保障　谁非后死者
为宪法流血　公真第一人

国民党内部对武装讨袁久拖不决。主战的孙中山陷于孤立，他致电返回广州的胡汉民，让广东首先发难，胡回电以"时机未到"拒绝。他命上海的陈其美宣布独立，陈说"上海地小，难与抗"也不从命。

而袁世凯这边却快刀斩乱麻，采取了果断而有效的行动：

凶手武士英由法租界移交中国当局第二天，就被毒死在牢房里。

应桂馨被保释出狱，当天晚上就被人杀死。

袁世凯让总理赵秉钧出面向英、德、日、法、俄五国银行团借款两千五百万英镑，以盐税收入担保，规定四十七年还清。袁世凯用这笔钱来扩充北洋军和日常行政的费用。

随后，袁世凯批准了赵秉钧辞职，派陆军总长段祺瑞代理总理，组成"战时内阁"。

段祺瑞上任第四天，袁世凯政府下了一道"除暴安良"令，矛头直指国民党。

1913年6月9日，袁世凯借口李烈钧反对借款，不服从政府，免除了他江西都督职位。

随后，又分别免除了安徽都督柏文蔚、广东都督胡汉民的职位；另任孙多森为安徽民政长，兼署都督事，陈炯明为广东都督，副总统黎元洪兼辖江西。

7月5日，北洋军进逼九江，迫使国民党不得不起兵应战。

7月8日晚，李烈钧带着几个随从，乘一艘小船来到湖口，会同驻扎在这里的新军九、十两个团，又调来了工程辎重两个营，迅速占领了湖口的所有炮台。

随后，驻扎在德安的混成旅旅长林虎和江西前代理镇守使俞毅、旅长方声涛、团长周壁阶也都率部前往湖口汇合，大家一致推举李烈钧为讨袁军总司令。

李烈钧三十二岁，早年留学日本，加入同盟会，他是孙中山忠实的追随者，得力助手之一。

李烈钧在7月12日发布《讨袁檄文》，"二次革命"就此开始。

这时候，上海的黄兴等人才下定决心进行武装讨袁。

7月15日，湖口战役最先打响。

同日，孙中山委派黄兴去南京逼江苏都督程德全独立，并任江苏讨袁军总司令。

孙中山在上海电令各地急起响应。

7月18日，广东、安徽两省宣布独立，20日福建宣布独立，22日上海国民党组织讨袁军，25日湖南宣布独立，8月4日重庆宣布独立。

这些省份虽然宣布独立，可意见不一，有的只是迫于形势。

孙中山一面敦令各省响应，一面致电敦促袁世凯辞职。

袁世凯根本不听孙中山那一套，命南下的三路大军猛打猛攻。胜者有重赏，败者砍头！

湖口战役最为惨烈，讨袁军孤军苦战，在无险可守、枪弹不济的情况下与强敌激战十天，终于失守。李烈钧带少数部队沿长江退向南昌，又转向广东。

在湖口7月25日失陷后，7月29日黄兴所率讨袁军也被击溃，8月18日南昌失陷，9月1日南京被依附袁世凯的张勋的辫子军攻陷。

其他独立省份见讨袁军大势已去，又纷纷取消独立。而上海方面组织起义的讨袁军也瓦解了。

孙中山在南京最危急时，想去前线督战，被来到他身边的胡汉民劝阻住，建议他去广州，说服陈炯明起兵北上，增援南京。

于是孙中山和胡汉民从上海乘船前往广州。船到福州，日本驻福州领事馆武官多贺宗突然出现在孙中山面前。

多贺宗是孙中山在日本结识的朋友，还没等孙中山开口，多贺宗就说：

"我有极要紧事告知先生。"

多贺宗告诉孙中山广州去不得了。因为陈炯明正要发兵北上，袁世凯派来的龙济光的大军已杀到广州。陈炯明准备迎战，而他手下第二师师长苏慎初带兵袭击都府，逼陈下台，他当上了都督。

陈炯明只好只身跑到香港去了。

苏慎初都督的椅子还未坐热，第一师师长张我权对他发难，两个人争起权位来。这时龙济光杀进省城，被袁世凯任命为广东省都督。苏、张二师长被革除军职，要严加查处，幸闻讯潜逃了。

胡汉民听完，重重地叹了口气，说：

"这下全完了。广东不去援兵，南京必然失守。"

孙中山起身踱着步，说：

"我们是失败了，但不要悲观。这次败在各省号令不能统一，我们内部动摇不定。若各省合力同心，尽早发兵，绝不会是现在这样子。我们只好暂避袁氏锋芒，先到香港去了。"

多贺宗忙说：

"香港万万去不得，袁世凯已经与英当局串通好了，你一入境就会被捕。你们还是先去台湾，再想办法去日本。我已经为你们准备了去台湾的船票。"

孙中山只好又一次流亡日本。

1913年9月，抵达日本，在萱野长知等协助下在神户居留旬余，便前往东京。12月，致函邓泽如等，表示决不因"二次革

1915年，孙中山与宋庆龄婚后照片。

命"的失败而"灰心"、"缩步"。1914年4月18日，致函南洋革命党人，告以组织中华革命党的工作大体就绪。5月10日在东京创刊《民国》杂志（后成为中华革命党机关刊物）。6月22日在中华革命党于东京召开的第一次大会上被推选为总理。7月8日中华革命党在东京举行成立大会。正式就任总理。1915年10月25日，与宋庆龄在东京结婚。1916年4月27日，由日本启程返回上海。5月9日在上海发表《第二次讨袁宣言》。1917年8月25日，国会非常会议在广州开幕。在9月1日第四次会议上，被选为军政府大元帅。1919年5月28日，在上海发表《护法宣言》。1921年5月5日，就任非常大总统职（国会非常会议于4月7日选出）。民国政府成立。1923年1月1日，在上海发表《中国国民党宣言》。10月25日国民党改组特别会议在广州召开。1924年1月20日，中国国民党第一次全国代表大会在广州开幕。以总理身份主持了代表大会。12月31日扶病入京。受到十万群众的热烈欢迎。1925年1月上旬，延医诊治。2月24日口授遗嘱。以英语口述致苏联遗书。3月12日上午9时30分，逝世于北京，终年五十九岁。